革命與反革命追憶

從文革到重慶模式

丁學良

獻　詞

謹以此書
紀念我和我最老最好的朋友陳小平
在一起挨過的那些
「風雨如晦　雞鳴不已」的歲月
（1966 年仲夏　1975 年初秋）

前　言

　　首先我這裡要再次——也許不止「再次」，而是「再再次」甚至「再Ｎ次」——誠心感激的，是聯經出版事業公司。在我的《液體的回憶——水、淚、血、酒中的三次革命回憶錄》那本小書第一版銷售完了以後，聯經出版公司發行人兼總編輯林載爵先生專程來香港面談，提議我馬上著手修訂該書，於是就有了目前的這本《革命與反革命追憶》，實乃《液體的回憶》之修正增訂版（讀者可以轉而飛快閱覽一下附在後面的《液體的回憶》之〈自序〉，以明白該書名的背景特別是「三次革命」所指為何）。記得二○○三年年尾我在前一本書草稿即將完工交活的時候，曾對當時尚專任聯經出版公司總編輯的林載爵先生說過，「我覺得這本小書會有很多讀者的。」看來我的樂觀主義直覺這一回沒有太離譜，而在其他事情上我有時太過刻意樂觀，常被中國大陸的官界朋友稱為「拚命樂觀主義者」，是毛澤東一生推崇的「革命樂觀主義者」的修正主義版。

　　再過兩年就是二○一五年了，是毛澤東發動文化大革命的五十周年祭，是這場翻天覆地的大革命結束的四十周年祭。[1]

---

1. 這裡我使用的時段界限與廣為使用的「十年文革」或「十年動亂」的說法不甚一致，因為文化大革命的首排炮火即姚文元署名的〈評新編歷史劇《海瑞罷官》〉一文，是 1965 年 11 月發出的。該文的初撰討論修改，則是從 1965 年 2 月底開始的（參閱麥克法夸爾〔馬若德〕、沈邁克著《毛澤東最後的革命》第一章所考證的中文原始資料。香港：星克爾出版公司，2009 年 4 月第一版）。「十年文革」其實只是隨大流的不夠精確的說法，嚴格說來，中共中央正式宣布

在這個時候《液體的回憶》之修正增訂版《革命與反革命追憶》
的完工和發行，多多少少也是我個人的一種自覺再參與——在
親身自覺地參與文化大革命之後，再參與海內外很多人包括
華人和洋人們力求不讓「文革」被掩埋、被遺忘的有所作為中
去。

對早先讀者評議的回應

本書的前身《液體的回憶》出版發行以後，我收到過多
種多樣的正式的和非正式的評論以及專訪，有來自兩岸三地
的，也有來自北美和歐洲華人讀者圈的。當時專訪中最長的
一篇，很意外的，是由香港記者呂珠玲女士所作，因為香港
報刊上的文章通常短小異常不過手掌大小，那麼幾頁長的一
篇太罕見。我假此一專訪的機會溫和誠懇地批評了華人世界
裡普遍存在的對於寫回憶錄的幾種不正確的態度，諸如只重
視宏觀，輕視微觀；只願批判壞人，不願批評好人；只攻擊對
方，不反省自己；只寫大人物的經歷，不寫普通人的經歷，等
等。[2] 我當時收到的讀者意見中最主要的批評，是我的那本回
憶錄裡反思的部分太少了，尤其是沒有告訴當今的讀者——他
們絕大多數有幸的或不幸的全無參加或捲入文化大革命的親
身經歷：我在「文革」期間及其後的漫長時間裡面，是怎麼反
思自己在那狂暴歲月裡的所作所為的？因此有些讀者建議，

文化大革命「結束了」，是在 1978 年 8 月 18 日的〈中國共產黨第
十一次全國代表大會新聞公報〉（發表於 8 月 21 日的《人民日報》
頭版頭條）裡，它把文化大革命界定為「歷時十一年」。可見中共
中央官方文件有時候也是挺實事求是的。

2. 參閱〈《液體的回憶》——丁學良專訪〉，香港《讀好書》雜誌，
2004 年秋季號「回憶專輯」，頁 26-29。

應該加進去行為者的自我反省的文字——這裡所謂的反省是中性的，不是中共過去政治運動中強迫人所作的那種貶義的「檢查反省」——和思考的文字。

　　至今我都是真心地感謝這些讀者的評論和建議，這裡特別想感謝署名「顧爾德」的一篇書評[3]。作者對我的那本小書作評論時的盡心盡力之敬業精神，在中文世界裡近年來實在不多見，儘管他並不全然肯定那本書的那種寫法。不過我想藉這個機會解釋一下，我在陸陸續續寫作那本小書的章節時，是把它們當作「歷史的個體」來處理的（historical individuality——此一術語採用自德國歷史社會學大家馬克斯·韋伯，竊以為他的提法與司馬遷偉大的《史記》寫法有隔代相通之處），而不是為著寫一本專家學者式的理論分析著作。[4]

3.〈折射革命的液體與被囚禁的精靈〉，台灣《新新聞》週報第911期，頁66-68，2004年8月19日。

4. 好幾年以後我偶爾讀到的一篇網路上發表的書評，可謂在這一關鍵點上深諳吾心。這篇短評的作者是中國大陸的，她（或他）得到我在台灣發行的《液體的回憶》一書大約純屬偶然，否則不會在這本小書首版問世後過了那麼久才著手撰寫如此細膩溫馨的讀後感：

　　《液體的回憶：水、淚、血、酒中的三次革命回憶錄》，是出自丁學良先生筆下的一部在題材上亦大亦小，在文風上亦莊亦諧，在懷抱上亦冷亦熱的讀物，其妙處有點難與君說，卻又不能不好好說一說。

　　且看出版商印在本書封面上的一段宣導語：「這本書中從毛澤東的『無產階級文化大革命』、鄧小平的『去社會主義革命』和1980年末期的『人民民主革命』中所憶及的那些液體，是從微觀角度折射革命動盪宏大過程的幾片稜鏡。」閱罷全書，感到對這一番頗為抽象的話的最具體詮釋，乃是作者的自序。……從作者親歷親聞的「微觀角度」來折射震驚中、外的「三次革命」，以見證和揭示當日那番既宏大而又動盪的社會革命過程——這小中見大的題材，不正為我們提供了理解那怪亂象的一把「歷史之鑰」麼？（徐雁，〈在「無字書」中讀得了「有字理」的丁學良〉，「秋禾話書」專欄，新浪網2012年9月11日。）

也許以後我會利用別的機會，來寫作這類針對「文革」的有學理深度的系統分析。

我的那本小書發行不久後還讀到一篇署名「張放」的短文，深情憶及他在一九九三年五月訪問美國文化中心之一的波士頓時，考古學大家張光直曾鼓勵他：「你是山東流亡學生，四十四年前從廣州搭『濟和輪』到了澎湖，你們五千多青少年的遭遇，雖是大時代的泡沫，但是作為歷史而言，我建議你把它寫出來。」張放的眼前立時浮現出四十四年前即一九四九年的流亡景象，浮想聯翩，未作快速應答，張光直接連追問：「怎麼樣，有關寫這段回憶錄的事？」張放淚眼模糊地答道：「我可以向歷史作證：當年這五千多山東青少年，非常純淨，他們有金子一樣的心。每一個人都老實，老實得跟饅饅一樣。在大時代潮流中，億萬同胞受苦受難，我們一群黃毛孩子算了啥，滄海一粟而已……。」[5] 張光直幼少時隨父親從台灣板橋到大陸北平，後又返回台灣；縱然他專業上研究的是數千上萬年裡中華文明的來龍去脈，也十分珍惜大動盪時代中個體經歷的史實價值，這在我看來是中國史學傳統裡極可頌揚的一點。

這個修正增訂版裡幾多處有文字的修訂和補充，新增加的主要是兩個長篇章節和一個中篇。長篇之一是〈文化大革命是形形色色的人相互報復的革命〉，它是我對以上概括的那些讀者們的批評建議所作的尚非全面的回應。這一章包含了我對「文革」中紅衛兵和造反派行動的一點深入淺出的反思；但這反思也不是以講哲理的方式表述的，而是以講故事的方式

---

5. 張放，〈哈佛印象〉，香港《明報月刊》，1994 年 4 月號，頁110。

推演的。寫這個新增加的章節，需要某種遠離當今喧囂塵世的沉鬱意境心情。而我在香港的工作環境實在太現代化了，節奏太快速了，以至於不易湧出那種古樸的內心氛圍，所以我掙扎著趁回中國大陸作交流的機會，夜深人靜乘搭老舊破車輾轉隱退到一個邊境的小鎮。這個偏僻的邊城，有著美味的大魚小蝦，純天然零汙染的菜蔬，形象怪異的山間野味，風格雜多而又樸實無華的烹飪（因它算得上是一個多民族移民社區），便宜而清冽甘甜的民間燒酒，以及──這會令你小小的吃一驚──價錢適中、品質相當不錯的原裝法國葡萄酒；雖然品種少少，卻也足以解吾輩紅酒之饞。

那一個星期當中，每天寫畢一小部分後（我同時還要做所謂的「田野研究」就是關於跨國邊境貿易和文化交流方面的考察），就漫步溜進那幾條窄窄的、燈光昏黃的小街道，找到一家看起來還算是乾淨的小食鋪，輕聲拍桌和氣吆喝一聲，喚來兩、三碟誘人小菜，拎出自己攜帶的或紅或白的洋酒土酒，莊嚴地、有節奏地、緩慢地茗呷下去，一直到路邊的店門鎖住了，街上的人們稀疏了，巷裡的狗們無聊了，無聊到遙對著河岸那邊另一個國家的土路上爬行的手扶拖拉機，真不真假不假地哼叫兩聲。中國這邊的狗兒們真是一點現代「主權」觀念都沒有，別人國家的拖拉機在自己的領土上爬行關你什麼事了？那片土地明朝以後就跟這邊分家了，犯不著你負責看守。

靠著如上的環境釀成的心境，我寫出了那一長篇，果然不出首發該文章的台灣《思想》雜誌的編輯所料，引起許多讀

者的熱烈反響，當然也引發了少數讀者的誤讀曲解。轉達給我的反響中，特別令我難忘的，是北京電影學院教授、現代文化史專家崔衛平女士的讀後隨感，稱該文是她所閱到的文化大革命參與者寫的少量極真實極誠懇的反思作品之一。[6] 遺憾的是，這篇長文卻無法在中國大陸的主流印刷刊物上轉載，否則，一定會觸發更多的他者和她者挖掘記憶，撰寫這類作品問世，讓當今和以後的研究者們面前有更豐富多彩的「文革」畫卷。最近讀到作家莫言獲得諾貝爾文學獎以後對德國媒體的應答，說他也曾有過當紅衛兵的革命經歷。[7] 我希望他也能寫寫這類故事，越靠近真實越靠譜；若是，他的許許多多的同胞們會增加對他的敬意的。

　　迄今為止，大部分中國大陸之外的研究者們都贊許，由美國製片人 Sue Williams 女士拍攝的《中國：一個世紀的革命》（China: A Century of Revolution）的第二部分，是關於毛澤東時代、特別是文革時期的最優秀的紀錄片。根據美國 PBS 發行方的介紹，製片人 Sue Williams 的母親在中國出生，她的外祖父和外祖母也在中國生活了很多年，她從小就耳聞了不少有關中國在一九五〇年代以前的事情。從一九八〇年代後期開始，她陸續拍製了紀錄片 China in Revolution 1911-1949 即《革命中的中國 1911-1949》、The Mao Years 1949-1976 即

---

6. 說老實話，我倒希望崔衛平是北京電影學院導演系的教授；若是，她也許就能夠集資拍攝一部根據我的回憶錄改編的「文革」故事電影或電視劇。很多讀者都希望能夠有中國人編導的、為著中國觀眾而拍攝的當代中國事件的生猛大片，而不是一心製作那種專為送到外國電影評獎會上拿名次的出口產品。

7. 〈莫言自稱當過紅衛兵，為前途讓妻子流產〉，（德國）《明鏡週刊》，漢譯文讀自《博訊》電子網 2013 年 3 月 1 日轉載。

《毛澤東時代 1949-1976》和 *Born Under the Red Flag 1976-1997* 即《紅旗下出生 1976-1997》，合稱 *China Trilogy*——《中國三部曲》，在 Amazon.com 的銷售網裡片名叫作 *China: A Century of Revolution*。製作者耗資一百多萬美元，採訪了中國二十世紀幾場大革命中好幾代的參與者，海峽兩岸都有，也包括筆者本人。這套紀錄片問世以來，一直是美國和歐洲多所大學裡的教學參考資料，只是第三部分有關鄧小平時代得到的評價遠不及前兩部分。這也難怪，越是距離我們時間上切近的時代，越是不好描述反映。我一九九〇年代末在北京給電視界人士作報告時，曾提出他們應該籌資拍攝一套主要供教學使用的嚴肅而非娛樂性的系列紀錄片，總名可以是「為二十世紀作證」，因為這一百年裡中國人經歷的革命實在是太多了，該給未來的中國人和海外華人群體以至其他國家的人民留下中國波浪式革命的主動被動參與者之第一手的音影資料。二十世紀已經過去十多年了，我還在耐心等待。

革命和反革命的蹺蹺板

本書新增加的另一長篇〈中國大陸的改革前景和思想出路——余英時教授與兩位大陸青年思想家對談紀錄〉，在我的思想和學術經歷上，具有非常特別的意義。那是我與中國大陸之外的學界前輩和嚴肅媒體資深從業人士的第一次全面深度交談——《聯合報》駐北美新聞中心的主任張作錦先生及其助理孟玄先生，經過認真籌備，於一九八七年十月中旬，將

我們兩個大陸留學生從波士頓的哈佛大學[8]，專程接送到新澤西的普林斯頓大學，拜訪中央研究院院士和該大學榮譽教授余英時先生，進行了整整一個下午加傍晚的深度討論。雖然我們的觀點不盡一致，關心的問題卻是完全一致的——那就是中國大陸在文化大革命的浩劫之後，其改革前景如何？這篇對談經張作錦先生及孟玄先生編輯成文發表在《聯合報》上，引起極廣泛的討論，而它也因此成為我日後與台灣乃至海外華人學術界和傳媒界全方位交流的一個里程碑。雖然我當初只是對涉及我發言的那部分作了仔細的文字修訂，並非全文的原撰稿人，這次也斗膽收進本書，一來是作為對我與台灣朋友們幾十年交往的紀念——我從結識老《聯合報》系的多位女士男士開始結識了無數的男女島友，二來是作為我對閱讀了《液體的回憶》的一些評論者相關問題的另一個側面的回應。以上新增加的兩長篇文章，都放在這本修正增訂版的「反思篇」部分。

新增加的一個中篇文章〈「重慶模式」算是第幾次「小型文革」？〉，是評論重慶市薄熙來、王立軍、薄谷開來之間的原本鐵桿革命同志的關係，怎麼一下子就變成「文革」式的反革命同夥關係。我把它放在「淚與血篇」裡——他們三位在各

---

8. 另一位的胡平當時在讀哈佛大學政府系的博士研究生課程，不久後上山落草，當了全職的《北京之春》雜誌主編。因此之故，大波士頓地區原先認識他的台海兩岸的留學生們後來有時稱他為「職業革命家」，有時稱他為「職業反革命家」，全視是站在蹺蹺板的哪一頭來看他。他在我們還是住在同一片研究生宿舍區的時候，對我認真下過一個評語：「丁學良，我看你是做不了革命家的。你不貪財也不戀位，就是太愛喝好酒吃美食。你要是給政府抓起來了，餓個三頓，不招，再餓個兩頓，還不招，然後監獄官把好酒好菜往桌上一擺，就全招了。」我雖然不覺得這是對我的高度恭維，也沒覺得是對我的高度誣衊。

自任職的多個地區和系統，都對當地和本單位的普通老百姓
乃至下屬的流淚流血，作出過不可估量的貢獻，雖然最後他
們自己也落到撒淚滴血的地步，那是一不小心鬧出的大事故。
這完全符合我們家鄉農民的規律性經驗總結──老是走夜路，
總有一次要碰上鬼的。

　　這個修正增訂版將原來的書名改為《革命與反革命追
憶》，是出於兩個考慮。《液體的回憶》裡最後的部分是「酒
篇」，這次未被收編進來。這倒不是我對酒這種液體喪失了興
趣，而是我在酒的話題上，近幾年來多次接受各地名記者的
訪談，無數的讀者紛紛催促我把這類文字專門編寫成一本書，
「酒篇」不久將派作此用。另一個考慮是新增加的兩長篇文章，
特別聚焦在「革命」及其孿生兄弟「反革命」之上。在中國大
陸的政治生態系統裡，革命和反革命的關係永遠說不清：今
天是「革命分子」的，明天可能被說成是「反革命分子」。像
時任中共中央第一副主席的劉少奇、中共中央書記處總書記
的鄧小平，幾十年如一日地被別人稱作「老革命」，也自稱為
「老革命」，一到了文化大革命發動之初的一九六六年七月末，
就被立刻換了頂帽子：他倆解釋自己對文化大革命的領導方
式老是不得法，乃是「老革命遇到了新問題」，毛澤東卻嗤之
以鼻──「什麼老革命，是老反革命。」[9] 這種人界鬼界一步
之差的現象，雖然是以毛澤東時代最為常見，他撒手歸天之
後也並沒有絕跡。就像上面提到的，過去一、兩年裡在重慶
市發生的政治過山車式戲劇性的翻翻滾滾，便是最切近的絕
妙例證。這種事情以後也還會有，雖然我們說不準何時何地

---

9. 詳閱高文謙，《晚年周恩來》（香港：明鏡出版社，2003 年第一版），
　頁 121-124。

與何人。本書中描述的那麼些人物和事物，都是在「革命抑或反革命」的蹺蹺板上折騰和被折騰過好多遍。

他是何方神聖？

　　這本小書是獻給我平生最老最好的朋友陳小平的。文化大革命一爆發，我等於是輟學了，從一九六六年六月十三日下午兩點始。雖然是幸福無比的輟學（不再聽命於老師不再服從班幹部不再背書不再考試了，你說有多瀟灑！），還是因讀不到好書而時感遺憾。大半是得虧結識了我們那所建立於一九六〇年的中學裡最優秀的語文教師陳小平，我才有不斷非正式補課的機會。若是文化大革命不爆發，我在那一年裡是斷斷無緣結識他的——他是高中班最受歡迎的語文課老師，我剛進初中尚且不久，哪裡有幸去上他的課！然而文化大革命一發動，我就成了「海闊任魚躍、天高任鳥飛」的學生運動幹將，想結識哪個老師就結識哪個，老師們也最最樂意結識我們這些既愛讀書不打罵老師不殺人放火同時又在學生造反派裡呼風喚雨的頭面人物，他們的人身安全由此得了一層保障。往後，他們又獲得我們的特許而成為學校裡最最革命造反派組織的成員——陳小平和他的緊鄰好友楊德槐是第一批投身於我們頂頂革命團體的青年教師，再往後又獲得我們的特殊照顧每天有劣等香菸免費勁抽。我們的革命友誼就是在那樣的烈火煙火中融化昇華的。

　　我從陳小平他那兒不但偷偷讀到外部世界裡得不到的好書，譬如他嚴嚴密密藏匿的《牛虻》、《靜靜的頓河》、《死魂靈》、《唐詩三百首》、《古文觀止》、《別林斯基選集》、《赫爾岑選集》、《紅與黑》、《約翰·克里斯多夫》等等，還從他那裡聽到外部世界裡一說出來馬上就要被拖出去殺頭的趣事。他家祖籍是江西省永新縣，在中國共產黨第一次建立革命武裝政權的井崗山腳下（毛澤東以後被稱為「山大王」的發源地），他的祖父輩就是賀子珍家族那個村子旁邊的。開始時吞吞吐吐欲言又止，終於有一天按捺不住，陳小平壓低嗓子告訴我：「毛主席經常跟賀子珍鬧彆扭，賀子珍家是那一帶的大戶人家，她跟了毛，已經冒風險不小，國民黨政府軍隊來剿匪說不定全家就給滅了。但是老毛又常在外面跟別的女人混，一讓賀子珍曉得，就在屋裡鬧亂子，又哭罵又動手，老毛臉上有時就給抓得皮破血流斑斑點點。我們家鄉老一輩的很多人都曉得的，老毛花得很。」我們那裡土話「花」是本性好色亂搞女人的意思，葉劍英外號「花帥」也是這個意思。少年革命分子的我從陳小平老師那裡獲得的革命範圍之內和之外的知識實在是太超前太豐富了，不過我從來不像別的學生那樣尊稱他「陳老師」，只喊他「小平」。我倆相依為命十載。

　　位於廣州的原知名雙週刊《南風窗》，特約了上海名記田享華先生於二〇〇六年仲夏對我的青少年時代革命經歷作過一次長篇訪談，中心問題之一是問我：我的反叛精神源於何時何處？這裡僅摘錄其中跟陳小平相關的幾段，讀者諸君立時便能感悟出我和他的盤古開天地般悠遠的情誼 [10]：

---

10. 以下全文採自田享華，〈丁學良回首往昔：我的批判精神是「文革」的副產品〉，廣州《南風窗》，2006 年 7 月 16 日。

　　此番，本刊對丁學良的專訪不僅僅基於他對中國內地學界的批評，還關注於從「文革」中走出來的那一代人。我們請他回顧了自己當年求學求知的歷程，要體現的不僅僅是他個人的奮鬥歷程，而是用這樣一滴露珠折射出那個時代許許多多的年輕人是如何為了夢想而拚搏的。

　　因為出生在偏僻的皖南農村，因為家貧如洗，也因為十年浩劫，丁學良只斷斷續續地受過不完整的小學和初中教育。他六虛歲喪父，此後靠母親拉扯大，承受了太多的屈辱和艱辛，他甚至都不知道自己是那一年那一月那一日出生的，因此也從沒有過生日的習慣，只推算出出生於上世紀五十年代早中期。

　　也許正因為「艱難困苦，玉汝於成」，丁學良歷盡艱辛，終於在日後獲得了社會的尊重和認可。丁學良每每回首往昔，酸甜苦辣歷歷在目，這讓他時而掩面嘆息，淚流滿面，時而開懷大笑，仰天長嘆。

　　對於他來說，童年時候有苦難，也有夢想，在眾多的夢想中，只有一樣最後完完全全的實現，那就是去美國的哈佛大學讀書。而這個童年的夢想又源於初中時一位老師的一句感慨。

　　丁學良初中生涯是在安徽宣城中學度過的，這所學校歷史悠久，今年（二〇〇六年）恰好是它建校一百周年。在北京、上海般的大城市，中學創建一百周年可能不少，但是在一個像宣城這樣的小城有一所中學能有這樣悠久的

歷史卻不多見。而宣城中學的老校區從宋朝開始,就是安徽府學所在地,所以文化氣息濃厚,歷史上名人輩出。這種悠久歷史形成的文化積澱,對丁學良個人後來的發展意義重大。

在丁學良的記憶中,中學裡有一位教高中語文的陳老師待他特別好,雖然年紀上僅大他十多歲,甚至也沒有直接教過他,但是對他的啟迪幫助卻特別大。

這位陳老師後來還成為宣城中學第一個被評為全國特級教師的人。正因為他的教師本色,借了許多書給求知欲特強的窮孩子丁學良看,讓許多年後的丁學良感念不已。而且不僅僅是借書,因為「文革」使得正規教育被迫中斷,對於一個成長期間的孩子而言,最需要的是老師耳提面命的啟蒙,在許多同學被放鴿子的同時,丁學良卻日日受益於這位陳老師的傳道授業解惑。

在丁學良看來,陳老師有一個特別之處就是他以個人工資訂閱了日報《參考消息》,這在當時是頗為少見的。因為一九七〇年代初期,毛主席親自批示才擴大發行《參考消息》,原來只有正省級軍級幹部才能訂閱,後來因批示擴大到城裡中學教師就可以訂閱。而一般人即便有權訂閱也會因費用太可觀而不願破費訂閱,但是陳老師訂了一份,常年不斷。丁學良因此就每天去陳老師宿舍看報,這給年少的他早早打開了國際化的視野。

　　由於這份報紙上的新聞和評論都是從國際上的大媒體直接翻譯過來，且當時全國最優秀的一群翻譯家都在為這份報紙工作，使得其中很多文章成為經典。為此，丁學良至今都還珍藏了一些當年的剪報。而正是這份報紙讓他在那時與哈佛結緣，少時的夢想就在那形成。一九七一至一九七二年間基辛格（Herny Alfred Kissinger，台譯季辛吉）博士幾次來中國大陸訪問，《參考消息》上有非常詳細的新聞報導和分析。因為基辛格是哈佛畢業的，於是，正在讀報的陳老師就對丁學良說，「如果有一天你能到哈佛去鍍鍍金就好了。」正是因為陳老師這句話，十幾歲的他便有了一個很深的信念，就是到全世界最好的哈佛大學去讀書。

　　其實，陳老師也只是一種感慨，在當時的背景下，誰也沒有想到這種想法可能實現。「假如我一生當中，小時候在我身上有一句話最後百分之百驗證了，恐怕就是這句話了。」三十多年後，丁學良回憶起來很是感慨。

二〇〇五年三月十日草撰於邊境小城
二〇一三年三月十二日修改於東海之濱

原版自序

這本小書原來擬名為《三次革命回憶錄》，因為其中所憶及的事件，都是與作者始於少年時代親身經歷過的一連串大型革命動盪有關聯——毛澤東親自發動和領導的「無產階級文化大革命」，鄧小平順勢推動和督導的「去社會主義革命」、即把中華人民共和國重新推入世界資本主義經濟體系的改革開放，以及一九八〇年代末至一九九〇年代初橫掃歐亞共產主義世界的「人民民主革命」。

但是有幾位朋友反對我原先擬訂的那個書名：「你雖然涉足這些革命，但並未當上這些革命運動中任何一個的頭頭腦腦，有什麼資格出版《革命回憶錄》之類的書？況且，冠以『革命』二字的書籍多如牛毛，比在中國革命中被砍掉的腦袋少不到哪兒去。你的小書頂著『革命』的大名出版，也引不起讀者們的注意，不會有什麼人去讀的。」

這個反對理由的前半部分我不怎麼同意——革命的普通參與者也有資格出版革命回憶錄，近代中國史上不就有「革命軍中馬前卒」[1]一語嗎？不過這個反對理由的後半部分我卻不敢小覷：一個莊嚴而大路貨的書名，弄得沒有人去注意它，那就太沒啥意思了！

---

1. 此乃魯迅評論中國留學日本的革命志士鄒容一語。

　　於是就有了目前這個樸實到非常唯物主義的書名——《液體的回憶》。正如本書的副標題所示，這些液體包括水、淚、血、酒，由莊至諧，由苦到甘，一點一滴，均折射出筆者不幸或有幸地捲入革命動盪的經歷。

　　為什麼選擇這四種液體來折射那些巨型革命動盪中個人的經歷？說到底，首先是因為筆者出生和成長的那一方土地，是被密如蛛網的河溝渠道籠罩著的皖南水鄉。那兒民眾的生死存亡，最終都繫於一個「水」字。而中華人民共和國的政治在那片土地上的推展貫徹，在大半時候直接地、在小半時候間接地震撼著人和水的關係。我對二十世紀下半葉那三次大革命的回憶由「水」開始，實乃順水行舟之舉。

　　本回憶錄最多的部分，是「淚與血篇」。列寧曾經說過：「革命是被壓迫者和被剝削者的盛大節日。」[2] 他說這話的時刻，是在一九〇五年的六、七月份，距離俄國「十月社會主義革命」——引發二十世紀一系列翻天覆地革命的導火線——尚有十二年之遙。十二年之後的那場「革命之母」和二十世紀前半葉世界各地十數起仿效它的革命，昭示的卻是另一種場景。激進的革命誠然是被壓迫和被剝削的人民的盛大節日，但這節日卻太過於短暫，以宏觀社會史的尺度丈量，比個人生活史上的新婚蜜月還要短暫得多。瞬息即逝的「盛大節日」狂歡之後，普通人民就要為之付出淚與血的代價，一代、兩代乃至數代。筆者對那三次革命的回憶最凝重的部分，浸著「淚和血」這兩種液體，是順理成章的事。革命過程中的淚和血總是

---

2. 列寧，〈社會民主黨在民主革命中的兩種策略〉，《列寧選集》（北京：人民出版社，1972 年第二版）第一卷，頁 601。

交織在一起,本書的第二部分也無法將二者分開;因此,「淚與血」成就一篇。

本革命回憶錄以「酒篇」結束,並不僅僅由於我愛酒——儘管這是不容抵賴的事實,更重要的是我出生和成長的那片皖南土地,是水鄉,亦是酒鄉。對於那兒的人民來說,酒的重要性僅次於水。他們運用什麼方法獲得酒,得到什麼樣的酒,怎麼喝酒,與什麼樣的人在一起喝酒,喝了酒以後幹什麼,等等,都透露出中華人民共和國的政治、經濟和社會的真實脈象。「多少人間事,天涯醉又醒。」[3] 本回憶錄以「水」始,以「酒」終,既順乎自然,且合乎歷史——普通的安徽人在一九七六年九月九日之前和這一天之後各別的生存方式,由水和酒這兩種液體晶瑩圓滿地折射出來。

這裡的「折射」 詞頗為關鍵。液體在折射太陽光的時候,它呈現出來的並不是太陽作為一個總體的色彩,而是那些構成這一總體的原來諸般光色。然而,原來多樣化的種種色彩,最後都被那渾然一片的總體色彩所強行代表了——「代表你沒商量,你們不想被我代表也不行」。

我在這本小書中所憶及的那些液體,乃是從微觀角度折射革命動盪宏大過程的幾片稜鏡。俗語有道:「一滴水反映一個大千世界。」我的這些液體並沒有這樣的野心,它們只是反映革命動盪大千世界的少許色素。

---

3. 引自宋代文人陳與義詩〈雨〉。

歷史的「有機切片」

　　不過，這些色素所反映的都是原汁原味的歷史細部，在正史中很難見到，其蘊涵的意義卻不應該過於輕視。北京的歷史學者雷頤在為「稗史」——他特別強調記錄一九四九年以後社會經濟政治生活之稗史——的價值作論證的時候，引用了胡適之先生一九三○年所擬的《上海小志序》中的一段話，正好適合放在此處：

　　「賢者識其大者，不賢者識其小者」，這兩句話真是中國史學的仇敵。什麼是大的？什麼是小的？很少人能夠正確回答這兩個問題。朝代的興亡，君主的廢立，經年的戰爭，這些「大事」，在我們的眼裡漸漸變成「小事」了。《史記》裡偶然記著一句「奴婢與牛馬同欄」或者一句女子「躡利屣」，這種事實在我們眼裡比楚漢戰爭重要的多了。（因為從中可以引起諸如漢代的奴隸是如何生活、婦女纏足由何而起等有關時代社會生活的問題——雷頤案語）。這種問題關係無數人民的生活狀態，關係整個時代的文明的性質，所以在人類文化史上是有重大意義的史料。然而古代文人往往不屑記載這種刮刮叫的大事，故一部二十四史的絕大部分只是廢話而已。將來的史家還得靠那「識小」的不賢者一時高興記下來的一點點材料。[4]

4.雷頤，〈日常生活的歷史〉，香港《二十一世紀》雙月刊，1999 年 8 月號，頁 77。

　　我對再現歷史過程片段時保持其原汁原味，一直身體力行，並從中受益匪淺。一九九三年春節我離開美國回到闊別近十年的亞洲，既要在香港科技大學裡授課，又有機會到中國大陸各處去做學術報告。為了使學生們和聽眾們能夠體味出當代中國大陸與美國社會和香港社會、台灣社會的深厚差異，我刻意做了一件事，就是搜集一九七八年改革開放以後，中國內地有機會親身出訪外國的那些人的觀感片段。我向他們提出的問題是——「你新到一個異國後印象最深刻的一點是什麼？」[5] 這裡「印象最深刻的一點」是指具體的事物，而不是抽象的概括。在詢問對方的時候，我特別提醒他（她）不要作任何一般性的理論思考，而是挑選最初的直觀印象中最觸動他們的、因而是最鮮明的那一點。所以這樣一問，你得到的回答既真切又生動。細細品味，裡面蘊含的社會學的資訊極為豐富。這裡挑出幾條與諸位共享。

　　一九八〇年代初，上海復旦大學的謝希德教授訪問美國歸來，同事們問她印象最生動的是什麼？她說：「電視裡有關新型尿布的廣告和解說。連尿布這種東西都有人去研究！」

　　謝希德教授早年畢業於美國東部名校史密斯學院（Smith College）和麻省理工學院，是中國大陸知名的物理學家，一輩子重視研究。幾十年沒有重訪美國，對即將目睹的美國高科技水平已經作了充分的心理準備。抵達美國以後，即使見到最先進的物理學研究成果，也不至於大驚失色。然而對她

---

5. 我在 1995 年 5 月 11 日的《香港聯合報》（第四版），曾經報告過這些詢問結果的一小部分，題目是「大陸人出訪外國的感觸」。

觸動最強烈的，竟是新型的尿布。連尿布這樣「下三流」的東西都有人去研究改進，遑論「上三流」的飛機和導彈了！謝教授的感嘆裡，有著中國大陸科學家對美國重視研究和發明的讚頌，和對本國長期以來缺乏刺激人發明創新和把科技知識應用於生產和生活的一整套制度的嘆息。

　　一位由上海外語學院赴美國賓州攻讀政治學的留學生一九八四年抵達美國以後，印象最鮮明的是：「美國州和市政府的門口，看不到持槍的士兵站崗！」在中國大陸省市縣「人民政府」的大門前，都有持槍的軍人站崗，這當然主要是阻止黎民百姓逕自進去。政府機關的門口有無戒備森嚴的軍人站崗，透露出一個政府如何看待它和人民的關係。中華人民共和國各級政府機關裡，都掛著「為人民服務」的橫匾。「人民政府」命令持槍的「人民子弟兵」（這是毛澤東對中國人民解放軍的定義）把自己與「服務對象」阻隔開，這真是具有社會主義特色的幽默！[6]

　　山東省臨沂地區一位國有大企業的廠長一九九〇年代初到東南亞三國（泰國、馬來西亞、新加坡）訪問，印象最深刻的一點是：「我在那些國家待了十幾天，竟然在街上沒看到有人吵嘴打架！」這位廠長若不是出國一趟，也許以為全天下都與他的家鄉一般，大街上吵嘴打架是日常生活不可分割的一部分。

　　為著對比起見，我也搜集過一九七八年以後最早有機會，由台灣間接地或直接地去過中國大陸的訪問者的最初觀感。

---

6. 2001 年「911 事件」之後，原先不設門崗的美國地方政府門口，有些也頓時配置崗哨。不過，若是持有證件的美國居民，進出政府大門仍然順暢。

其中最有韻味的一條，得之於早年任《聯合報》「美加新聞中心」主管的張先生。一位台灣訪問者在北京的一家國營大百貨商店裡，看到牆壁上掛著「優秀售貨員守則」，守則之一是：「不許打罵顧客」。人人皆知，西方社會裡商界的箴言是「顧客就是上帝」。在傳統的中國商業文化裡，經商服務的一方對顧客的尊稱是「衣食父母」，含義是「我們是被顧客養活的」。而在毛澤東的國家社會主義政策實施多年後、經濟改革尚未深入開展前，中國大陸社會裡商業部門與顧客之間的關係，正是市場經濟中這種關係的反面：顧客就是龜孫子，臭罵你兩句，搧你兩腳又怎麼啦？還怕你不再來？你不來老子才快活！能夠不這麼做的，那就挺不容易了——「優秀售貨員」才能達到這樣高的境界。如上的一條「優秀售貨員守則」，可以引伸出來一部《比較經濟制度史》，這就是直接經驗者提供的原初狀態——沒有經過他者自作聰明的加工——的歷史「切片」（organic tissues）的價值。[7]

---

7. 在我搜集的資料中，有一條是關於李鵬先生的。早年他在任「中華人民共和國教育委員會主任」期間，曾出訪愛爾蘭。回國以後，他感慨地對其他主管教育的官員說：「他們國家開電梯的工人都會講英語！看來我們真要花大力氣普及英語教學。」我本來想去信李鵬辦公室求證此一訪問觀感，估計他的秘書也不會百忙之中及時地覆函，只得作罷。

致　謝

　　這本小書中呈現給諸位讀者的歷史切片，少部分地曾發表在太平洋兩岸的中文報刊上。屢次受到聯經出版公司林載爵先生——他是歷史專業出身——的鼓勵，說應該把它們整理擴充成冊，以服務於更多的讀者；所以此處的致謝，首先是向他而發。同時，我也真心地感謝那些曾為我的回憶錄片段提供了最初發表場地的中文報刊，包括它們的發行人和編輯：香港《明報月刊》和明報出版社，香港《信報》，北美《世界日報——世界周刊》，廣州《二十一世紀經濟報導》和《南方周末》。我同時向香港科技大學的孔憲鐸教授、丁邦新教授、謝定裕教授、涂肇慶博士、朱天博士，聯合報系的張作錦先生，聯經出版公司的劉國瑞先生致謝；他們對我的這類文字，多有真誠的鼓勵。我還要深深感謝龍希成先生，他催促我把關於酒的漫長回憶從腦海深處調出來；我把這稱作「深水淺調」，像「南水北調」一樣，一調就調出了許多故事。我還要感謝三位研究生的幫助，她們將部分手稿打成文稿。

革命與反革命追憶

從文革到重慶模式

目　次

獻　詞 3

前　言 5

原版自序及致謝 19

水　篇 31

　水利・水政・水鬥 32

　發蛟・發難・發怵 41

淚與血篇 63

　藏書・焚書・撈書 64

　圍城・馳援・被圍 75

　送槍・搶槍・耍槍 93

文盲和半文盲的「持不同政見者」 **113**

春節前夕憶老包 **128**

中國大陸自由主義的首席發言人 **139**
—對李慎之老師的遲緩追憶—

間接感受《在秦城坐牢》 **148**

「重慶模式」算是第幾次「小型文革」？ **156**

反思篇 **169**

文化大革命就是形形色色的人相互報復的革命 **170**

中國大陸的改革前景和思想出路 **195**
—余英時教授與兩位大陸青年思想家對談紀錄—

★

水

篇

水利・水政・水鬥

　　中國的一個小地方上了中國的大新聞媒體，多半是發生了好事情。中國的一個小地方上了外國的大媒體，則多半是發生了壞事情。去年（一九九六）六月底，工作勞累之餘，我打開電腦網路的路透社英文新聞專線，赫然看到熟悉的拼音地名以及一連串的最高級形容詞：安徽省宣城一帶發生一個半世紀以來最大的水災，水位已經超過有記載的最高紀錄。兩星期以後，香港和台灣媒體繼續報導，這次水災造成死傷病一千二百多人，六十八萬公頃的田地被淹毀。這樣的消息雖然觸目驚心，卻不出乎意外。自我少年時代記事起，那一帶每年夏初總要鬧水災——當地土話稱為「發水」，或大或中或小，但從不缺席；從三國到中華民國到中華人民共和國，歷朝歷代均是如此。

水政

　　有水必有利，否則人類不會自古以來傍水定居。然有利必有害，利害乃屬同源。有水災必須治水，因此有水政。西方社會學把因為治水而發展起來的大一統政治結構，視為東方古國如中國和埃及等農業社會之專制傳統的源頭，這方面

最出名的著作就是綜合馬克思理論和韋伯學說的魏特夫所撰的《東方專制主義》[1]。但是西方學者罕有機會在實地視察到，當代中國專制的治水政體也會觸發民間的水鬥，即民眾爭水利避水害的頗具規模的武裝鬥爭。僅以一九九六年安徽省重水災區的水陽江流域為例。

　　這個地區的水政至少可以上溯至三國時代。東吳皇帝孫權早年曾為宣城太守，他治理宣城時，將水陽江畔一大片水足草盛的地帶闢作軍用養馬場。但這片肥美之地又時常受江水浸害，於是養馬場總管大將丁奉（註：與筆者無直接親戚關係，請勿誤會）主持修建水利工程，這便是日後成為大糧倉的金寶圩。「圩」者，圍也——四邊是高可比肩六、七層樓房，寬可並駛四、五輛大卡車，周長二百餘里的防水大堤，像一只巨盆，護著圩中十幾萬農民的身家土地。圩裡水道縱橫交錯，出門以舟代步。圩堤四周有十幾處石砌「斗門」即巨型水閘，旱時從水陽江裡引水進圩灌溉，洪澇時由圩裡朝外排水瀉洪。類似的圩在水陽江流域還有幾處，大小不等，金寶圩是其中最大的一個。據說元朝末年群雄混戰時期，朱元璋的軍師劉伯溫率兵路過金寶圩，對這裡的水道布局極為欣賞，認為深合五行要義。日後朱洪武得了天下，劉伯溫便依金寶圩的式樣，改建南京的街道城門格局。若將金寶圩和南京城的鳥瞰圖對照，會發現二者很相似。

　　在江南水鄉的地方誌和民間文學特別是傳說中，給予最多筆墨的，便是歷代官員治水的功過。金寶圩正中有一個「總

---

1. Karl A. Wittfogel, *Oriental Despotism: A Comparative Study of Total Power* (New Haven: Yale University Press, 1959, 3rd Edition). 中譯本由北京的中國社會科學出版社 1989 年 9 月出版。此書之翻譯最初在 1960 年代早期動工，延至二十多年後才能問世，可見這題目是如何的敏感！

管廟」遺址，便是紀念丁奉的。我們幼時還能見到香火供奉「丁
總管」的神像，在文化大革命中這些都被毀掉了。宣城城關鎮
的北門有一座古橋，在紅旗下成長起來的我輩，只知其名為
「白石橋」，其實橋的石料根本不是白色的。故老私下向我們
透露，該橋始建於明代，以紀念一位縣令。他任內某年夏季
水陽江江水氾濫，淹沒四野，黎民呼號，然而蒼天不應，水
勢依然上漲。這位縣令絕望之餘，登上江邊的山坡，跪地祀告：
「若小人任內犯了過錯觸怒天庭，希望上蒼只懲罰我本人，不
要殃及無辜百姓。身為父母官，情願以身殉水拯救蒼生。」他
從山頂縱身跳下，怒江頓時平息。鄉人感恩，在他溺水之處
建築「別士橋」以誌紀念，因為他是進士出身。「文革」以前
就有唯物論者質疑：「抗洪救災，只能依靠廣大革命群眾，運
用科學手段，方能致勝。縣官縱身投江，豈能退水？假如我
們共產黨的縣委書記也學這位縣令，發洪水時隻身跳下，豈
不會誤國誤黨誤民？」於是「別士橋」被改成「白石橋」，以
消除封建迷信的壞影響。

　　但是縣城裡發生的除舊布新，對僻遠的鄉村似無多大的
影響，水鄉的老農依舊緬懷這位縣令以及與他相似的治水好
官。金寶圩與外部世界沒有什麼現代方式的交通通訊聯繫，
到縣城裡去只能「坐十一號」即兩條腿硬走整整一天，鄉民們
依舊生活在半凝固的歷史之中。直到一九六六年夏季「文革」
運動開始時，當地的老人們仍舊以「民國」紀年。這在城市裡，
是罪大惡極的行為。鄧小平改革時代初期恢復正常的大學高
考制度，我成為家鄉第一個考試成功的研究生。赴上海市某

名牌大學攻讀碩士學位前，我特地回金寶圩辭別。幾位老農仔細地詢問了「碩士」是什麼東西，得出結論：「它等於早年的進士」（中學生等於秀才，大學生等於舉人）。他們莊重地以家釀的米酒祝賀我「及第」，叮囑我日後做官不可以忘本虐民。我告訴他們：新社會的碩士不值錢，並不保證能做官。但他們不信，說好歹村子裡出了一位「及第」的人，以後不怕被別的地方的官員欺負了。只是我的大舅擔憂地說：「日後怕是不容易見到你了。你一旦成了官家的人，規矩禁忌就多了，馬虎不得。」

清朝光緒年間，金寶圩也出了一個進士知府，他任內某年水陽江氾濫，知府深知故鄉人民與水的關係，故冒著生命危險，駕一葉扁舟沿江破浪而下，查看水勢災情。臨近金寶圩最險要的兩江匯合的小河口段，知府見到鄉親們正在與不斷上漲的洪水試比高低，在江堤上加土添石。青壯男人或是背負沙包石塊上堤，或是站在深水中打樁，或是潛入水下堵塞漏洞。

江水洶湧，潛下去的未必都能冒上頭來，站在深水中的時有被急流席捲而走，背負沙石的也可能會力竭吐血身殘。為了防止抗洪隊伍潰散，每段江堤上都有一個頭領，手持鋒利的鐵鍬，有權對臨危逃脫者就地正法（這種軍隊式的抗洪紀律直到百年以後的知識青年時代仍然大體維持著）。知府見到此等場面，不能自已，急令船夫靠岸，以便親手撫慰鄉民。但大堤上的百姓們百般阻止，知府以為是百姓們怕他受累，堅持要上岸親民。堤壩上數千百姓只得齊齊跪下稟告：「我們

不是怕知府吃不消，而是怕江堤吃不消。」鄉民們相信，大官讀的是聖賢書，知天命，曉王法，雖為肉身，卻非凡體，貴重無比；一旦足登江堤，地是會顫動的。若是在平時，地微動無妨，但此刻江水漫及堤頂，怒濤翻騰。知府登岸時稍有地動，江堤可能會承受不住而崩潰，因此無論如何也不能讓他雙腳沾地。鄉民們齊聲懇求：「知府愛民愛鄉之心眾人已領。大人重任在身，還請趕快回府，不要在此犯險。」知府聽罷，唏噓不已，只得與鄉親們揮淚而別。堤壩上數千鄉民跪送扁舟，直到看不清知府的身影，方起身復勞作固堤壩。

一九四九年以後，新社會的幹部不再讀孔孟之書，不再愚不可及地以身殉天退洪。他們聽的是毛澤東的「與天奮鬥其樂無窮，與地奮鬥其樂無窮」的最高指示，相信的是科學，發起了一波又一波改天換地的群眾運動。但是科學在共產黨領導的國家，與在西方國家裡不大一樣。共產黨國家的科學家要聽黨的話，科學也就免不了要聽黨的話。在史達林領導的蘇聯，有李森科的「馬克思列寧主義生物學」之批判遺傳學，「辯證唯物主義物理學」拒絕量子物理學。在毛澤東領導的中國，有錢學森「一畝地可產幾萬斤糧食」的大躍進科學[2]，和以上海為基地的與愛因斯坦相對論「對著幹」的「文革物理學」。在治水方面，有源於毛澤東思想的「圍湖造田」工程，鄱陽湖、洞庭湖、滇池等等大湖泊周圍都有這類與大自然頂牛的壯舉。一九六八年在固城湖，一場同樣的壯舉險些引發該地區歷史上最劇烈的水鬥。

2. 詳見李銳，《廬山會議實錄》（鄭州：河南人民出版社，1994 年 6 月第一版），頁 62-63。

水鬥

　　固城湖位於安徽省宣城縣和江蘇省高淳縣的交界處，是水陽江水系的自然水庫。旱時可引它的水灌溉，更重要的是潦時它可儲蓄巨量的水，分減該水系的洪水壓力。一九六八年高淳縣的領導受「文革精神」的鼓舞，決定把他們境內固城湖的那一大半圍起來排乾湖水改成良田。宣城這邊竭力反對，說這樣一來，洪水季節地勢低的宣城沿江地區將會是汪洋一片，此地區又是產糧重地，一旦受淹成災，幾十萬農民將何以維生？高淳縣的領導幹部不聽，堅持學習大寨革命精神，動員數萬農民造壩圍湖排水。宣城一方則決定動員數萬農民武裝抗爭。毛澤東時代以「全民皆兵」為指導思想，全國各地均有民兵組織，從班排到團乃至師級規模，視工作單位人口多少而建制。通常農村地區的民兵配備的武器比較老舊，多半是抗日戰爭和國共內戰時代留下的「三八大蓋」和輕機關槍。工礦企業的民兵的裝備則比較先進，甚至配備有迫擊炮和高射炮之類的重型軍械。

　　宣城沿江地區的總動員極為有效，因為是事關各村各戶身家性命的存亡之戰。宣城一方軍事布置以越靠近固城湖為越前沿，安排成多級梯隊，沿江綿延幾十公里。有正規武器的民兵擦槍填彈，沒有正規武器的農民則自製兵器。男子分派上前線，婦女提供前線之軍需。狸頭橋一帶就在固城湖畔，最受致命威脅，農民們也最激憤，早已組成敢死隊。十八歲以上的男子均被徵召上陣，各村誓盟：誰家的男子戰死，全村有義務贍養其遺屬；老的養到壽終歸天，小的養到十六歲

成年。誰人受傷致殘，全村有責任照顧，鄰家吃喝什麼，他吃喝什麼。這狸頭橋地區是兩省三縣交界處，哪個衙門都管不上，歷來是土匪出沒之地，民風剽悍，習武者甚眾。早年共產黨領導的新四軍也據此險地練兵造反。一九六〇年代大饑荒時期，這裡時不時地傳出人肉包子的消息。有過路的人不見了，第二天就有人據說在包子餡中吃出人指甲蓋來。

　　宣城一方把交戰時機選定在高淳一方大壩合口那天。大壩一合口，生米就煮成熟飯了，宣城這邊很多地方就會被淹沒了。按照「有理、有利、有節」的布置，宣城一方將派數名代表身綁炸藥雷管，手持「民意書」呈對方領導，呼籲停止合上大壩。假若對方接受，則可能化干戈為玉帛，坐下來談判解決糾紛。假若對方拒受「民意書」，則宣城敢死隊員將緊緊抱住對方的領導幹部，一同滾下大壩，玉石俱焚，葬身湖底。其他的敢死隊員將急速衝上去，引爆身上的炸藥，與大壩同亡。在高地勢上用望遠鏡觀察局勢發展的狸頭橋礦山民兵，約定好以爆炸聲和硝煙為信號，一旦見此情景，將以迫擊炮轟擊固城湖堤的高淳那一邊，使湖水漫淹過去。為了確保勝利，宣城一方的敢死隊員將在大戰前夕潛入對方幾個工程指揮部的周圍，伺機綁架人質或者將其就地處死，以收「擒賊先擒王」和「打蛇打七吋」之功效，亂其軍心，挫其士氣。狸頭橋前沿一旦打響，宣城沿江的民兵將全副武裝登上木船，千舟競發，撲向對岸，將對方歷年裡修建的

已經有點希望，被抽調至縣革命委員會做文書，進城前漫步水陽江堤，對面是狸頭橋，屢次水鬥之戰場。

於對方有利於己方有害的水利工程一鼓搗毀。

　　高淳一方也在著手動員民兵保護圍湖工程，但雙方處境不同，士氣大異。高淳一方是為著爭得更多的良田，成之更好，不成也不至於失去什麼。而宣城一方則是為著保護手裡僅有的東西，失之全無，故不惜決死一戰。高淳一方目擊宣城狸頭橋一帶前沿村莊日夜備戰，升爐冶鐵鍛造兵器，火光熊熊，鐵錘聲聲。這場大戰一旦爆發，雙方數萬民兵捲入，後果將不堪設想，極容易釀成世代血海深仇。這地區的老人們，還記得上輩給他們講述的明清時代水鬥的慘烈事跡，於是不斷地有人向各級上司反映該地區的火爆局勢。然而當時正值「文革」高峰階段，全國各地均有大大小小的武鬥，北京的大員們也是處於焦頭爛額的狀態。經過多番火急電報，消息終於直達天庭，中共中央主管農業和水利的領導紀登奎、陳永貴等人，火速下令停止圍湖工程，敦促雙方通過談判解決爭端。一場因水而起的人民戰爭，被阻止在最後一刻之前。[3] 數年以後的一個春節，老家在狸頭橋、北京大學西語系畢業的馮君向我述及這一切時，仍然緊張得滿額冒汗，雙目赤紅。

天並不聽共產黨的話

　　將近三十年以後的去年（一九九六）夏天，宣城一帶還是遭受了一個半世紀未遇的洪災，毛澤東時代的破壞生態水文平

---

3. 2003 年夏季淮河大水災之後，我找來盧躍剛對 1991 年淮河大水災的報導〈辛未水患〉閱讀（《盧躍剛報告文學集：長江三峽半個世紀的論證》，北京：中國社會科學出版社，1993 年 12 月第一版）。其中多處簡略地但意味深長地提到 1949 年以後淮河流域因水而發生的激烈鬥爭，包括武裝鬥爭。這類鬥爭可以在任何一級上發生——村與村之間，鄉與鄉之間，縣與縣之間，市與市之間，省與省之間。

衡的一系列工程真是過不可沒。[4] 那一帶的樹林早在一九五八
年大煉鋼鐵的運動中被砍得所剩無幾了,「文革」中的圍湖造
田工程又雪上加霜。固城湖雖然尚未全部消失,周邊被填的
部分還是不少。另有其他許多不知名的大小河流湖泊,被強
暴的多矣!而所有這一切均在「人定勝天」的旗幟下作成。

　　江南水災期間,我在澳大利亞首都讀到新華社一九九六
年七月十三日的報導,黃河在該年裡斷流已達四個月,創下
歷史的紀錄,沿江千千萬萬人民的生活和生產都嚴重受損。
同時又聽到新華社報導,長江三峽大壩正在建設中,這當然
是有史以來「人定勝天」的最大壯舉。但是,假若建成後發現
「人算不如天算」,那又怎麼辦?過去的事一再證明,雖然可
以令人、令科學家和令科學聽黨的話,卻極難令大自然也聽
黨的話。當大自然發起橫來,比最蠻橫的領導同志還要蠻橫
得多。倘若遇上此等「天怒」,億萬蒼生出路何在?黃河、長
江覆蓋大半個中國;一旦有事,何人可救?

　　無救。

---

4. 1998 年 6 月,我從澳大利亞到中國開會期間,途經宣城,才稍多知道
　 了一些 1996 年 6 月當地發水的實情。6 月底皖南丘陵地區連降大雨;
　 到了 29 日,宣城東南部山區傳來小型山洪頻發的通報。次日傳來
　 的消息說大山洪正在暴發,宣城地勢稍低的中下游地區要防洪。
　 這類消息十萬火急傳遞過來的時候,宣城防汛值班的一位縣政府主
　 要幹部,正在打麻將。那邊水情緊急,這邊牌情緊張,後者暫時占
　 了上風,該領導幹部堅守牌局。山洪不等人,橫衝直闖,入無防之
　 境。民房農田擋它不住,鐵道幹線路基都被沖垮了好幾公里長。趕
　 來搶修的鐵道部工程隊領隊工程師指著那位縣政府幹部:「我在全
　 國鐵道系統幹了幾十年,鐵路路基被沖成這樣子,還是第一次親眼
　 見到。你就不怕為這事負責任受處罰?」令那位縣領導寬慰的是,
　 上級沒有追究他的責任,他繼續當他的官。

發蛟・發難・發怵

皖南水鄉的老百姓最怕的是「發水」，皖南山區（多半為丘陵地帶）的老百姓最怕的則是「發蛟」。「發水」的含義很明白──江河氾濫；「發蛟」的含義卻不那麼清楚。我從幼年時就常聽到大人提及「發蛟」；每當這兩個字從口中吐出，他們的臉上就騰升出驚恐和迷茫的神色，而我們這些充滿了好奇心的孩子就更是一頭霧水，滿腔困惑，老想打破砂鍋問到底，問問砂鍋裡有幾粒米。

家鄉老人對「發蛟」的恐懼，可謂源遠流長；中國史籍上有明確記載的主要蛟災六十三起（從宋朝嘉定六年至清朝光緒九年的六七〇年間）[1]，竟有十二起發生在安徽南部。《寧國府志》卷一載：「明嘉靖八年（註：西元一五二九年）秋八月，宣城諸山蛟發，漂沒民舍圩岸，水氾濫入城，軍儲倉浸數尺，人畜多溺死。」二十八年之後（嘉靖三十六年），宣城與蕪湖的交界處「大水，群蛟齊發，江漲丈餘，圩岸沖決，民居漂沒。……陸路無復存者，舟行屋上，禾麥不收，民刈草根樹皮為食」（《蕪湖縣誌》卷五十七）。

史書上記載的皖南鬧得最凶的一次「發蛟」，是清朝乾隆五十三年（西元一七八八年）。據《徽州府志》卷十六：「五

---

1. 參見宋正海等編輯，《中國古代重大自然災害和異常年表總集》（廣州：廣東教育出版社，1992 年 12 月第一版），頁 355-358。

月，祁門大水，溺死六千餘人。初六日夜大風雨，初七日清
晨東北諸鄉蛟水齊發，城中洪水陡起，長三丈餘，縣署前水
深二丈五尺餘，學宮水深二丈八尺餘，沖圯譙樓倉廟民田廬
舍雉堞數處，鄉間梁壩皆壞，為從來未有之災。」

「發蛟」

　　我後來揣摩，「發蛟」是指來路不明的突發性質的洪水。
因為來路不明同時又是突然的暴發，富於想像力的農民就把
它歸咎於「蛟龍」發作。農民的想像力不全然是無根據的迷信。
「蛟」在中國古代的傳說中是指沒有長角的雌龍；《楚辭》〈九
思·守志〉有詩句：「乘六蛟兮蜿蟬。」王逸注：「龍無角曰蛟。」
這種半神話的雌龍在現實中的對應物是鱷魚之類。《呂氏春
秋·季夏》：「令漁師伐蛟。」高誘注：「蛟，魚屬，有鱗甲，
能害人。」宣城正好就是揚子鱷的祖居之地。揚子鱷在地球上
已經生存了一億多年，是古生物的活化石，瀕臨滅絕的一類
保護動物。最大的揚子鱷身長可達兩米，耐飢能力超群，即
便在牠最活躍的時段夏季，三、四個月不進食也不會餓死。
一九七九年在宣城南郊建成了全世界第一個也是迄今唯一的
揚子鱷研究中心（今易名為「揚子鱷自然保護區」），據報導
已經人工養殖出一千餘條。被唐代大儒韓愈——他自十三歲時
便隨長嫂遷居宣城，潛心攻文，二十歲隻身離宣遊學，考取
進士——在《祭鱷魚文》中描繪為「悍然不安溪潭」、「為害
民畜」的揚子鱷，目前看來大概不會絕種了。

　　古代宣城的揚子鱷肯定比今天的多得多，可能體積也大得多。山洪暴發時，揚子鱷順勢而下，張牙舞爪，伴以激流衝擊的轟鳴，民間的「發蛟」之說也許就是這麼形成的。小的時候，每次乘小木船溯水陽江而上，途經一處險要之地，大人們都會指著凌亂地矗立在江中的幾塊巨型黑岩石，說是崇禎年間一次「發蛟」，從十幾里地以外的山上沖到此處的。

　　雖然自幼少年時代起，我就時不時地被「發蛟」之說弄得又恐懼又入迷，但第一次聽到別人從頭到尾、比較完整地描述發生在我們近旁的「發蛟」，卻是在一九六九年。向我們作口頭報導的，是年長幾歲的江胖。

　　那年夏初，在宣城東南方向、與寧國廣德接壤一帶──江胖的老家就在那附近──連續降雨三、四天。暴雨降到密集之時，人在露天外睜不開眼，雨點落到頭上身上像細石子平空砸下一般生疼！那個關鍵的一天的下午兩、三點鐘，突然之間「發蛟」：從當地建築的最高點──建於十九世紀的一座天主教堂的鐘樓頂上望出去，周邊的山溝裡、平地上一片白浪翻滾，滔滔洪水的主要來源是一座山的半腰。江胖描述：那天吃過午飯以後不久，農民見到半山腰的一塊地方，土石飛濺，暴現一個洞口，水柱由此洞口轟然而出，直插數丈高空。壯水牛、茅草房、直徑三到四米的舊式水車、體重一至二噸的新式拖拉機，都像小孩子的玩具一樣，被水柱落下的勢頭輕飄飄地席捲而去。

　　山腳下星星點點的村莊裡，一片呼救之聲。當地風俗，

遇到這種「發蛟」的危難，四村八寨都要一起敲響銅鑼、燃放爆竹驅邪，以煞住「蛟口」──水柱噴湧之處──的氣勢。可是這當兒正是史無前例的文化大革命之際，啟用傳統方法驅邪是觸犯政治大忌的，誰帶頭搞誰倒大楣。但大家都是本鄉本土，看著活生生的人畜像下湯圓一般在洪水中掙扎翻滾，總不能不施出援手。佩戴紅袖章的民兵們於是手挽手結成搶險隊，高舉《毛主席語錄》「紅寶書」，齊聲背誦「最高指示」：「下定決心，不怕犧牲，排除萬難，去爭取勝利！」試圖穿過山洪，救出村民。

這段「最高指示」在文化大革命期間有如「上上咒」，一遇到不同尋常的險難情況，紅衛兵、革命造反派、解放軍戰士和革命群眾們均會脫口背誦。背誦的效果是什麼？時任「副統帥」的林彪有個說法：「毛澤東思想是精神原子彈。」意思是戰無不勝、攻無不克，有原子彈殺人毀物一般的奇蹟效果。

可是這次在宣城東南一帶的「發蛟」關鍵時刻，那顆「精神原子彈」並沒有爆炸出「立竿見影」的效果（林彪聲稱，遇到任何實際困難，只要活學活用毛主席語錄，便會「立竿見影」）。被山洪沖刷而走的人、畜、財、物不計其數；那年頭地方政府已經被文化大革命風暴衝擊至癱瘓，具體事務如統計受災數據等等沒有人負責。

幽默地犯了一罪

在幼少年時代，唯一給我們講述過家鄉丘陵地帶最近發蛟情景的就是江胖。過了若干年，等到我稍微多了一些歷史意識、想把發蛟的口述史記錄下來、回到宣城去找江胖的時候，他卻已經不見了。

滿臉福氣、長得像個小活佛的江胖，拉得一手好二胡，唱得一口道地的花鼓戲，又是一個天生的喜劇表演家。他能夠在生活的每一處——哪怕是它的最淒清的角落裡——發現歡樂的種子。經他一點撥，這細微的種子就會向周圍的小孩大人老者張開笑臉。這愉樂的稟賦，卻成為我日後回老家找他不著的緣由。

十年「文革」期間，在全中華人民共和國唯一准許人民觀看和演出、人民也必須一再觀看和演出的劇目，就是欽封「文化革命旗手」江青指導製作的八個「革命樣板戲」。在我們那裡，只有縣花鼓劇團才具備演出這種大型政治劇目的本事，鄉村裡的「草台班子」——農民對他們自己業餘演出隊的稱呼，因為他們從來上不了正規劇場，只能在臨時搭成的戲台上取樂——捧著革命樣板戲的本本就傻眼，他們連上面的字都念不周全。於是念過初中、又有演戲天賦的江胖就成了他家鄉那一帶草台班子的業餘指導，幫助農民們排練革命樣板戲。

草台班子就是草台班子，即便是奉命去演革命樣板戲——「文革」年代具有頭等重要政治意義的任務——的時候，也脫不了草根本色。這些鄉村業餘演員們過去最拿手的，是農民

們喜聞樂見的傳統劇目，比如像《四郎探母》、《打金枝》、《武松打虎》、《十八摸》之類[2]。要他們照本扮演革命英雄人物、大段大段地演唱和道白革命的豪言壯語，真是太難為了他們！演員們常常在演出過程中忘了那些對他們來說意思過於生澀的片段。台上一「卡殼」，台下就起鬨。演員這時就得急中生智，把能夠即興想起來的任何劇目中的唱詞和道白拉扯過來，填補空白。於是，革命樣板戲裡有時就混雜進了傳統戲劇的戲文。

比如，在《沙家浜》裡，當共產黨地下聯絡員阿慶嫂與反共抗日地方武裝的參謀長刁德一鬥智時，會冒出來《十八摸》中頗有調情風味的一兩句。有時候，草台班子的演員也會即興捏造一小段，來解脫「卡殼」的窘境。演出《智取威虎山》中最扣人心弦的〈打進匪窟〉一段，解放軍偵察員楊子榮假裝成土匪，拜見大土匪頭子座山雕，座山雕用黑道「坎子話」考察楊子榮的真偽，問道：「臉紅什麼？」楊子榮用「坎子話」答道：「精神煥發！」座山雕猛然大喝一聲：「怎麼又黃啦？」楊依「坎子話」答道：「防冷塗的蠟。」按照劇本，接下去應該是座山雕──到這時他對楊子榮已經初步相信了──把話題轉到軍事機密正題上去。可惜草台班子的那位扮座山雕的演員記不起來了，他直瞪瞪地望著扮演楊子榮的，無奈之際，追加喝問一句：「怎麼又臉紅啦？」

---

2. 我在 2003 年夏天的一個重慶研討會上，由一位著名的中國政治史學者處得知：「文革」一開始，毛澤東就指示把這類「大毒草」傳統劇目，請最好的演員表演，錄製留存。所以，革命領袖在公開場合斥責這類劇目「反動下流，低級趣味」，並不影響他私下裡欣賞。

　　追加的這句自撰的台詞把扮演楊子榮的給弄懵了，他怎麼都回想不起來，按照劇本他應該接答什麼——劇本上根本就沒這一句。可是他手頭沒有「本本」，心裡不踏實，頭上直冒汗。在「草台」上踏著馬步、弓步、鷹步轉了三圈以後，還是接不上茬，只得向座山雕伸出手：「兄弟，給我一根菸，容我息口氣，想想。」

　　江胖身為家鄉草台班子的無薪給顧問，對這類農民版的樣板戲，耳濡目染。他又是天生的喜劇表演家，臉上的每一塊肌肉都會作相對運動，一個人能夠把草台班子的幾個窘困的角色輪轉演活。可惜生不逢辰，這時候正值文化大革命，不是尋常年景。有人報告了上去，說是江胖藉農民把樣板戲演走了樣的事——「樣板戲」顧名思義是不許走「樣」的——醜化革命樣板戲，惡毒攻擊無產階級司令部（江青是該司令部的主要成員之一）。於是江胖就被抓走，關押了起來，坐了幾年班房（當地人對獄牢的俗稱）。

　　那些年頭被逮捕坐牢跟吐口唾沫一樣的輕而易舉，尤其是與「惡毒攻擊」掛上鉤[3]。這條罪名出自一九六七年一月頒布的《關於在無產階級文化大革命中加強公安工作的若干規定》，簡稱《公安六條》；由中共中央文革小組組長陳伯達、第一副組長江青和公安部部長謝富治擬定，毛澤東批准。其

---

3. 比較起江胖，我們那兒溪口附近的一位鎮上的幹部王書記更倒運。「文革」初期他每天都要向治下的老百姓訓話，一天開大會的時候他宣布：「林副主席愛吃黃豆，所以他的女兒小名叫『林豆豆』。我王書記愛吃大魚大肉，你們從今以後就叫我兒子女兒『王魚魚』、『王肉肉』。這也是用實際行動向林副主席學習！」當天中午他就被抓走，以「惡毒汙衊林彪副統帥」的罪名判了幾年徒刑。

中最要人命的是第二條：「攻擊汙蔑偉大領袖毛主席和他的親密戰友林彪同志的，都是現行反革命行為，應當依法懲辦。」[4]「偉大領袖毛主席」自然也包括了江青。

「汙蔑攻擊」罪並沒有法律上的界定，全憑願意執行它的人們的想像，而這類想像力可以是天馬行空無邊無際的。我把當地兩樁「汙蔑攻擊」罪——都是發生在一九六六——九六八年期間——白描出來，沒有榮幸親身經歷過那段歲月的諸位，便能稍稍領略其風采。

第一樁。一位農民進鎮上挑大糞——那時候化肥很少，靠近城鎮的農民定期進城把大糞收集回村肥田——順便帶上十幾顆雞蛋換點現錢。這位貧農對毛主席充滿了感情，平時從全家老少嘴邊節省下來的雞蛋，換了點錢捨不得給孩子買糖、捨不得給自己買菸，拿去新華書店「請」了一尊「寶像」——那年頭不許說「買毛主席像」——預備供在家裡。

「請」來了毛主席的寶像、收集了兩桶大糞準備回村的那位農民，卻發現沒地方裝那尊石膏製作的半身塑像。他身上的衣服破破爛爛，口袋都是通的，也沒有帆布挎包之類的奢侈用品。糞桶裡當然不能置放寶像，拿在手裡又容易摔碎。他於是就把自己破衣服的邊邊撕下，在寶像的脖子上打個結，掛在扁擔頭上；這樣既乾淨又安全地保護了寶像。

他挑著沉重的一對糞桶走過鎮上的狹長石板街，走到小一半的時候，忽然聽到路旁一聲大喝：「你這個現行反革命，

---

4. 詳見王年一，《大動亂的年代》（開封：河南人民出版社，1988 年12 月第一版），頁 192-193。

還不趕快停下！」這個農民被喝叫得莫名其妙，路旁的兩個人指著他扁擔頭上晃來晃去的石膏像：「你想把毛主席上吊？狗膽包天！」這位可憐的農民怎麼解釋都沒用，立刻被五花大綁拉走，關押了起來。

　　第二樁。從一九六六年冬季開始，每一個地區的紅衛兵和造反組織都分裂成對立的兩大派，每一派都指責對方「假革命、假造反、真老保」；「老保」即「保皇派」，也就是保護「走資本主義道路的當權派」。為了向群眾證明自己不是「老保」，兩大派就要時不時地把本地區的走資派拖出來批鬥一番。只要一派籌劃這麼做，另一派就會搶著去「揪」走資派，甚至把他們給抓走藏起來，以使對立派的已經張榜宣布的批鬥大會「泡湯」即流產。

　　這麼互相搗蛋幾個回合以後，兩大派都免不了「泡幾次湯」，於是也會偶爾達成暫不拆台的協定，合開批鬥大會，因為批鬥的對象都是同一幫本地區的黨政領導幹部。這種合開的批鬥大會上，兩派都暗中較勁，設法使本派在群眾眼裡多得分，對方「吃癟」即出洋相丟現眼。我所目睹的最絕妙的一次，要數一九六七年春節之後元宵節（當地稱為「小年」）之前的那一場。

　　那些年裡春節和元宵節都不能按傳統方式歡慶，必須移風易俗，過革命化的節日。宣城的兩大派頭頭們都覺得在農曆大年之後和小年之前召開一場批鬥大會，是非常革命化的行動。批鬥會選擇在縣城大劇院舉行，裡面可以坐下一千人，

外面懸掛著八個高音大喇叭，現場實況擴音給外面更多的群眾聽。五、六個走資派被押成一溜跪在劇場正前方的戲台上，兩派的工人、農民、學生、職員、民兵諸類代表輪流上台，義憤填膺地宣讀大批判發言稿。

　　為了烘托會場的氣氛，每一派都挑選出兩位嗓門大、普通話好的人帶領本派高呼口號：「打倒劉少奇，保衛毛主席！」「打倒鄧小平，保衛黨中央！」「打倒劉鄧陶（鑄），保衛毛澤東思想！」

　　這些工整對仗的口號要越喊越激奮，才能顯示出自己對走資派的恨、對毛主席的愛。帶頭呼口號的人越喊越高昂、越喊越急促，全場氣氛也隨之越來越熾熱。突然之間，與我們對立的那派領頭呼口號的人喊滑了嘴：「打倒毛主席，保衛……！」

　　下半句他沒呼出來，但這已經晚了——劇場裡的千把人、劇場外的幾千人，全都被高音喇叭中的那半句口號給震呆了。那個領頭呼口號的人怔了幾秒鐘，咚地一聲彎曲雙膝，直愣愣地跪在戲台正中央：這在「文革」中叫做「主動向毛主席請罪」。

　　我們這一派的幾個骨幹分子，立刻發現這是個打燈籠難找的好機會。他們衝上戲台，大叫：「誰反對毛主席就叫他滅亡！」對方一派的人誰也不敢出來為那個不幸喊錯了口號的戰友辯護，眼睜睜看著上來幾個戴著「專政大隊」紅袖章的青壯男子，把那個倒楣蛋捆綁押下去。這場原本是批鬥走資派的

大會，似乎正在轉變成批鬥對立一派「現行反革命行為」的大會——這恰恰是我們一派衝上台去的那幾個積極分子的企圖。他們在台上搶占著麥克風，努力要控制全會場。對立一派的骨幹分子不甘受制，擠在戲台下面的第一排大呼口號：「走資派不投降就叫他滅亡！」意思是不許轉移批鬥會的目標，台上則高喊：「誰反對毛主席就叫他滅亡！」意思是老子們轉移目標是出於革命的義憤。我們本派的一個工人在台上越喊越起勁，喊到後來，把那句口號喊成了：「誰反對就叫毛主席滅亡！」

接下來的狀態與前一個喊錯口號的人大同小異：對立一派的人不失時機地衝上戲台，那位喊滑了口的工人跪在戲台中間主動向毛主席請罪，旋而另一派「專政大隊」的隊員們用繩子把他捆綁而去，關押起來。

那場批鬥走資派的大會開不下去了，因為沒有人再敢出頭帶領群眾高呼革命口號。

「社會主義的黃泥勝過資本主義的鋼筋水泥」

江胖給我們描述的宣城境內的「發蛟」雖然可怖，卻還是比不上發大水的情形。

在家鄉健在的老人們的記憶中，他們經歷過的最難忘的發大水有不多的幾次。第一次是一九五四年。氣象學家報導，那一年的長江中下流發生的是百年罕遇的特大洪水，江南梅

雨期比正常年景延長了一個月，最高洪水位超過歷史上有記載的最高水位一‧四五公尺。淮河流域同時也發大水。在安徽省蚌埠測得最高水位，超過歷史紀錄一‧〇三公尺。長江和淮河都決了大堤，江淮平原一片汪洋，四萬餘人喪生。兩條大江均決堤的一個主要原因，是新成立的社會主義中國政府，全盤採用蘇聯的社會主義工程技術。

當時，一個名叫波可夫的蘇聯工程師被派到中國指揮修建長江、淮河下游的堤防。美國人修建河堤是要打很深的鋼筋混凝土地基的，蘇聯人修建河堤的「新方法」則根本不打地基而是直接用黃土從地面修起。中國人仿照這種模式，調集了三百萬民工投入這一工程。中國的一位主要工程師說：「我們向蘇聯專家學習，淮河岸邊的泥土像大洋彼岸的鋼鐵一樣堅固。」然而當一九五四年河水猛漲時，這種堤防很快倒塌，根本抵擋不住特大洪水的衝擊。[5] 金寶圩的老人們從不知道他們遭遇背後的這些抽象的意識形態，他們告訴我們晚輩的，是正規典籍上不會記載的瑣事。那年夏季的汛期，除了很老的老人和很小的小孩，男女整勞力、半勞力都日夜守在大圩埂（即江堤）上。十天半月浸泡下來，下肢皮肉都泡成豆腐皮了。尤其是女農民，很多得了終生的婦女病，苦不堪言。那一代的金寶圩人，普遍有兩種慢性病──關節炎和「心口痛」即胃病。

我舅舅他們村子守護的那段靠近「斗門」的圩埂，老是滲漏水，什麼方法都試過了──打樁、扔沙包、下石塊、灌漿等

---

5. 張金鑒、李義庚等編譯，《世界重大災難縱覽》（北京：東方出版社，1993 年 8 月第一版），頁 413-414。可以相當有把握地說，這位「中國的一位主要工程師」，是當時水利部的重要官員。

等，就是煞不住江水朝圩裡滲透。這樣的滲水是令人心悸的定時炸彈；只要滲水處出現更大的漏洞，這段圩埂就會在頃刻之間被沖塌。百里江堤，危在旦夕。大家商量了半天也沒有好方法，年紀大的一位農民發話：「只好勞駕哪位水底功夫好的扎個猛子潛下去，看看圩埂腳下到底有什麼毛病？」

這是個非常合理又非常玩命的建議。大圩埂的外邊是下不去的，那邊的滔滔江流太急，幾百斤的大沙包都被它不費吹灰之力地席捲而去，何況一個活人！只能從圩埂的內圍潛下去。農民們什麼現代潛水設施都沒有，用的還是宋朝的技術，像《水滸傳》裡的浪裡白條張順一樣，嘴裡叼根蘆葦稈，拚命往下沉，沉到一半下不去，手裡還得提一只十幾斤重的石鎖「加碼助墜」。

一個好漢的潛水功夫仍不夠，兩個年輕的農民輪流沉浮。幾番上下，他們終於發現了那段圩埂滲水的奧秘：原來底下有一個烏龜穴。那隻老烏龜連同幾隻烏龜蛋被捕捉上來，用石塊將龜穴填實，才保住了圩埂。

我後來問舅舅：「那隻大烏龜呢？」我愛吃烏龜肉，特別是水烏龜肉，山烏龜肉有時臭臭的，水烏龜肉卻是極細嫩、香潤，又是滋補之物。舅舅說，那烏龜很老，看龜甲已經在兩百歲以上，差不多有小稻籮口那麼大。他們不敢吃牠，怕是快成精的烏龜，於是燒了兩枝香，把牠送到遠遠的地方放生了。

防口

　　在追記身旁的水災之口述史方面，我感到慚愧之極乃至罪過的，是一九七五年八月發生的那個事件。那一年的七月底，我被選派為「工農兵學員」，進合肥工業大學「上、管、改」[6]。八月下旬我坐車到合肥工大準備新學年，班上四十多位同學中有三分之一來自皖北。一入學，我們就被動員要捐獻衣服、日用品、糧票油票和——如果能擠點出來的話——鈔票，給皖西北和豫東南的災區。合肥市和周圍城鎮的居民們也在普遍被動員作捐贈，能夠拿出來的東西都接收，哪怕是一床破棉被、一雙舊膠鞋、一只搪瓷缸。

　　在當時官方公開的媒體和不公開的政治會議上，並沒有一絲一縷的消息，交代河南東南部和安徽西北部發生的水災是怎麼回事。皖北來的同學提及這次水災，都閃爍其辭，只是一句半句「全淹了」，「可厲害！」唯一使我朦朦朧朧地感覺到這次水災後果或許不輕的，是從社會上聽到的皖北一帶所有的醫院的病床和許多種內服外用藥品都不夠用的傳言。

　　直到一九七八年春節，我與一位淮北阜陽來的同學喝多了幾杯酒後，才從他嘴裡聽到，那場大水把一個村子一個村子都給洗掉了，淹死的人像木樁子飄在水面上，數都數不清。我以為他是酒後的浪漫主義言論，沒太當真也沒跟下去追問細節。要是我當時追問下去，周圍找得著的目擊者當會不少，他們的口述也可能在我手下變成白紙黑字！過去這些年裡，

------

6. 此乃毛澤東教育革命路線的重要環節：新型的工農兵學員不僅僅是「上大學」，同時要「管大學、改造大學」。

陸陸續續從河南和安徽傳出來的訊息，描繪出一幅真正是比毛骨悚然還要令人驚駭的圖景。[7]

　　一九七五年八月四日，該年度中國大陸編序第三號的颱風在福建省晉江登陸，穿越江西、湖南，進入河南，在該省東南部淮河上游地區滯留，造成連續四天的特大暴雨。在暴雨的中心駐馬店西邊的林莊，最大六小時降雨量為八三〇毫米，最大二十四小時降雨量為一〇六〇毫米。據說，前者破了世界紀錄的七八二毫米，後者破了中國紀錄。換句話說，一天一夜裡，平地上落下的雨水深及胸膛；在這個丘陵地區的山溝、窪地裡，那還了得！

　　暴雨中心的山區，大中小水庫星羅棋布，有上百座（另一官方統計數字說，加上土法上馬的小水庫，有四百多座）。它們都是在一九五〇至一九七〇年代根據毛澤東治水路線修建的，主要目的是為著蓄水灌溉，排水泄洪的功能被輕視。兩大水庫板橋水庫和石漫灘水庫的設計蓄水量，分別為近五億立方米和稍超過一億立方米。可是在它們周邊的暴雨區，四天之內已經產生的水量幾十倍於此！

　　即將陷於滅頂之災的這片水庫區，其時卻是通訊中斷、交通阻絕、險情不明、領導混亂、防汛器材缺失。八月七日上午至八日清晨，淮河上流的板橋、石漫灘兩座大型水庫和

7. 迄今為止，關於這場浩劫的最重要的細節，大部分來自一篇非官方的採訪記，題為〈世界最大的水庫垮壩慘案——板橋、石漫灘諸水庫「七五‧八」失事備忘錄〉，作者筆名「己巳」，收入戴晴、薛煒嘉編：《誰的長江——發展中的中國能否承擔三峽工程》（香港：牛津大學出版社，1996 年第一版），頁 185-205。其中的幾個資料在「中國水利報社網路中心」製作的〈中國水利‧淮河流域〉裡，有相應的證實。

竹溝、田崗等五十八座中小型水庫一一潰壩。超過六十億立方米的洪水，形成了高達五至九米、寬及十二至十五公里的巨浪，以迅雷不及掩耳之勢，蕩滌豫東南，旋即漫溢皖西北，受災人口超過一千二百萬。此後十多天裡，被困在大水之中的災民撈到什麼吃什麼：死牲口、爛南瓜、小蟲、樹葉等等。直接被淹死的老百姓達八萬五千六百人，加上水災期間死於瘟疫和飢餓的，總共有二十三萬人。[8]

所有這一切均發生在我們進入合肥工業大學的同一個月，發生在我們的近旁──合肥距離皖西北災區的中心臨泉縣城只有兩百公里，臨泉西邊一步跨過省界，便是浩劫之地豫東南。如果把洪水滾滾東來連串造成的破壞也算上，合肥其實就位於大災區的邊界線上。可是當時當地的我們竟然對災情近乎無知。那年頭農村遭難，災民不許出去逃荒要飯，只能守在原地待斃。能夠把世界歷史上規模最巨大和後果最慘重的水庫堤壩群體崩潰的消息，嚴密封鎖到幾近完美的程度，你不能不佩服這確確實實是「毛主席的英明領導和文化大革命的偉大勝利」！

中國有句流傳了千百年、人人皆知的古諺：「防民之口甚於防川。」其實這話在一九四九年以後的數十年裡是站不住腳的。在毛澤東領導之下，防川失誤甚大甚多，防民之口卻是成果累累。「防口」比「防川」容易多了！

---

8. 中國官方和專家們對於死亡人數之不同的報告，差異甚大，其中水利部高層報的數字最「謙虛」。參見對這些數字的兩篇辨析：「人權觀察」組織的專文（"The Three Gorges Dam in China: Forced Resettlement, Suppression of Dissent and Labor Rights Concerns." Appendix III. *Human Rights Watch*, February 1995, Vol.7, No.2），和旅居德國的中國水利專家王維洛的評論（〈一九七五年河南省板橋等水庫潰壩事件的死亡人數〉，《中國觀察》（2003 年 5 月 28 日網上轉載）。

　　一九七五年十一月下旬至十二月上旬，水利電力部在河南省鄭州市召開「全國防汛和水庫安全會議」，部長錢正英在會議上對發生在三個多月之前的那場水庫群體潰壩，作了一個哲學式的總結報告[9]。「哲學式」的與「法學式」的不同，後者必須依據事實、提供細節、追究量刑，前者則要盡可能的空洞抽象、泛泛而談。這篇哲學式的報告之後，錢正英照樣做她的水電部長（以後並逐步晉升），她身邊的那些治水大官們，未曾被報導身受法律的任何處置。二十三萬條老百姓的生命，沒有影響到一名高層領導幹部的命運。當這些領導幹部口口聲聲強調「社會主義制度具有無比的優越性」的時候，你應當相信，她（他）們是真誠的。她（他）們怎麼可能不從內心裡感激這個制度呢？

「發難」

　　一九九〇年元月初，我在台北見到同鄉會的一位徐姓長輩，他對我說：「現代的安徽人窮，惹得很多外地人看不起，其實安徽那地方是出人才的。你以壽春（古為楚都，今稱壽縣）為圓心畫個圈，半徑三百里之內，出過多少中國歷史上翻天覆地的人物！」

　　這種說法我倒是第一次聽見；照他的方法畫圈，果然圈出一串人來：管仲、陳勝、吳廣、項羽、劉邦、曹操、周瑜、包拯、朱元璋、李鴻章、段祺瑞、馮玉祥、陳獨秀、王明……。

---

9. 前引戴晴、薛煒嘉編：《誰的長江》，頁 203-204。

　　當時看了這名單，覺得有點怪怪的，但並未細想。若干年之後，讀到一則毛澤東談治水的文章，說是一九五〇年代初期，毛強調（大意）：淮河流域自古多水災，民不聊生，揭竿而起者甚眾。因此，新中國一定要把淮河治理好。

　　毛澤東一點撥，那串歷史人物名單的「怪怪」之處豁然明朗：他們多數是領頭造反者！《史記》〈太史公自序〉：「天下之端，自涉（陳勝字涉）發難。」在漫長的中國歷史上，陳勝是第一個「發難」（即民眾反抗運動）之失敗的領袖，劉邦是第一個「發難」成功了的領袖，陳獨秀是第一個以共產主義為「發難」旗幟的領袖……

　　淮河之濱，真乃寇、王叢生之沃土！

發怵

　　研究水災史的安徽人，往往把南宋紹熙五年（西元一一九四年）視為江淮平原命運的轉捩點。在這之前，據說得益於早年大禹在當地治水的正確方針，淮河獨流入海，尾閭通暢。江淮大地經濟繁榮，富甲一方，民間至今流傳著「走千走萬，不如淮河兩岸」的諺語。西元一一九四年黃河奪淮，淤斷入海通道；此後的五百年裡，淮河發大中型水災三百五十起。不發水災的年頭，便鬧旱災；民生聊倒，百業凋敝。[10]

---

10. 安徽省農村調查隊，《安徽農村反貧困問題的思考》（安徽：安徽省無為縣扶貧辦公室，2002 年發稿）。

　　我在朱元璋故鄉實習時，聽到當地老農有句格言：「愈窮愈窮」，意思是只要你窮了，倒楣的事就會特別親近你，搞得你愈發貧窮。皖北因為長期受淮河的欺凌，農業、商業、工業均不發達，被戲稱為「第九世界」（中國是第三世界國家，那兒是第三世界國家裡的第三世界地區）。每當淮河發大水，威脅到經濟發達區域的關頭，這第九世界就要被充作蓄洪泄洪之地，讓你為別處作自我犧牲。二〇〇三年六月至七月，淮河流域發生了一次比一九五四年的稍小一點、比一九九一年的稍大一點的水災（用中國大陸官方媒體的術語，「百年罕見」）。為了保護下游江蘇省的經濟富饒區域不被淹沒，安徽省的北部和中部被黨中央和國務院光榮地選中，作為泄洪之地：讓這一塊貧窮的土地和這塊土地上的貧窮人民，承受開閘放水、挨浸受泡。截至八月上旬，全省一半農田（三四〇〇萬畝）受災，二百多萬人被水圍困，三十五萬間房屋倒塌，受災人口二千七百萬，直接經濟損失一四三億元人民幣。[11] 按照政府文件的規定，這些經濟損失的百分之五十，在理論上由政府補貼，其餘的由災民自己承擔。政府理論上的補貼和實際上的補貼，可以相差幾倍。看著自己一年的耕作果實——再過兩個星期就是豐收季節了——被治水官員有形的手開閘漫水，農民只好對記者說：「秋天被淹掉了。」而淮河泄洪最關鍵的工程王家壩蓄洪閘（位於皖西北阜南縣），自一九五三年建成以來的五十年裡，已經有十三次開閘泄洪。那地方的窮光蛋們，已經被命令奉獻十三次了——讓你奉獻沒商量。[12]

---

11. 香港電台（RTHK），「2003 年 8 月 18 日由安徽省安慶實地報導——『災後故園』」。

12. 高昱：〈奉獻的災民不僅僅需要感謝〉，《商務周刊》2003 年 8 月，第 15 期〈編者導語〉。

你試著設想：假如你的家園在五十年裡被人為地淹毀十三次，你怎麼安排你的生計？倘若這種頻繁淹毀的狀態在未來五十年裡保持不變，你怎麼籌劃你的後代的未來？

別急著回答，還有比這更令人發慌的前景。

截止二〇〇三年中，中華人民共和國境內共有八萬六千座水庫。這其中有毛病有危險的大型水庫一四五座，中型水庫一一一八座，小型水庫二萬九一五〇座，占全部水庫總數的百分之三十六。有病有險的原因包括水庫自然老化、養護維修不周全、使用管理不當、設計建造時就有工程素質問題。從一九九一年至二〇〇三年，官方承認至少有二三五座水庫堤壩垮塌。[13]

設計建造時就有嚴重工程隱患的水庫應該拆除，其餘有病有險的水庫應該及時維修——任何一個理性的人都會得出這個結論。可是，在中華人民共和國，來自納稅人的水利建設款項——儘管逐年顯著增加——卻很少撥作病險水庫的拆除和維修，因為這雖然對普通人民有利，對治水官員們卻利益菲薄，遠不及興建新的大的水庫，能夠為他（她）們個人帶來豐沛肥厚的政治和經濟回報。[14]

安徽的老百姓把水庫稱作「頂在頭上的一盆水」——水庫絕大多數修建在地勢較高的位置，向附近地勢較低的城鎮和

---

13. 田毅、許聖如、李紅兵發自江西、安徽、湖北的報導：〈中國水庫大壩憂患〉（廣州：《二十一世紀經濟報導》，2003 年 6 月 12 日）。

14. 原中國水利水電科學研究院高級工程師陳實對此作過很好的總結：〈為什麼中國至今水旱災害無窮？——簡評五十年來的中國水利工作〉，《當代中國研究》，2002 年第 4 期，頁 123-124。

鄉村供水。由於天災人禍，這一盆水有時候是會翻然倒扣下來的。在十三億芸芸眾生的頭頂上，有幾萬只這樣的水盆，其中有一只天下第一大。

一九八七年，時任「中國人民政治協商會議」全國常委或委員的八位專家學者——喬培新、孫越崎、林華、千家駒、王興讓、雷天覺、徐馳、陸欽侃——在題為〈長江三峽工程害大於利〉一文裡警告：

> 一九七五年八月，蓄水量總共只有六億立方米的河南板橋水庫和石漫灘水庫潰壩，便奪去約二十三萬條人命。三峽水庫蓄水量達二二○至二七○億立方米，四十倍於板橋、石漫灘二者的庫容量。若一場類似的災難襲來，潰壩的三峽工程將會以每秒二十萬至三十萬立方米的流量，衝擊武漢和長沙等城市。如此規模的災難和它造成的人命傷亡，幾乎要超出我們的想像能力。[15]

即便是規模難以想像的破壞力量，對老百姓負責任的科學家也得要去推算。清同治九年（西元一八七○年），長江遭遇千年一次的洪水，在宜昌下面附近的流量達每秒十萬零五千立方米（根據洪水痕跡推算；宜昌站測得一九五四年大水災中，長江洪峰實際流量是每秒六萬六千八百立方米）。換言之，若天災人禍（包括戰爭）導致三峽水庫潰壩，其洪水傾瀉的威力將是千年一遇的水災的二至三倍。這便是為什麼中國的老物理學家（也是一九五七年的大右派）錢偉長，在一九九一年撰

---

15. 田方、林發棠、凌純錫主編，《論三峽工程的宏觀決策》（長沙：湖南科學技術出版社，1987 年 11 月第一版），頁 66。

文痛陳其厲害：「一旦失誤，長江下游六省市將成澤國，幾億人口將陷入困境。」[16]

　　一九八九年春天之後，那八位「全國政協常委和委員」，除一位之外，全被掃除出「全國政協」，不再允許他們發表反對長江三峽工程的言論。

　　在一九九一年四月發表了反對建立三峽大壩的錢偉長，立即遭到內部的批評，被迫撤回自己的意見。一直是三峽工程「反對派」領頭人物的李銳，被以江澤民為核心的黨中央禁止再在知情的專家學者幹部之間作串聯。

---

16. 錢偉長，〈海灣戰爭的影響〉，北京《群言》雜誌，1991 年 4 月號。

★

淚與血篇

藏書・焚書・撈書

在向讀者諸君交代我最早的兩批藏書之前，我必須對「藏書」下一個準確的定義。我是學哲學出身的，不能忘記了自己的職業病——在談論具體之前須得討論抽象，否則會被早年的同行們笑話。

依照我的理解，「藏書」應該是屬於個人預備長期保存但同時又並非自己上學時規定所用的課本的書籍。所以，讀過就隨手丟到一邊不在乎其存亡的書，當然算不上是「藏書」。再者，若某人讀書時的課本也算作是他（她）的「藏書」，則人人皆知他人最早的藏書是什麼——小學一年級的課本。倘是這樣，任何人敘述自己的最早的藏書也就變得無聊了。

得書和焚書

我的第一批藏書總共只有兩冊，一冊是清朝末年的木刻本鄭板橋手書的《板橋家書》，一冊是民國初年的拓印本鄧石如篆書的《李公廟碑》。《板橋家書》不但有文字，而且有幾幅墨竹，文圖均刻得精緻飄逸。鄧石如別號「笈遊道人」、「完白山人」，安徽懷寧人，是乾隆年間的名書法家和篆刻家。那

本《李公廟碑》是用上等宣紙拓印的，通篇氣韻圓潤，筆刻傳神，彷彿是這位大書法家不日之前揮墨而就。

我的這兩冊藏書是一九六五年新春時節得到的，其時我剛讀初中一年級。書來源於我的大舅，一個連自己的名字都不認識的木訥老農。在我的家鄉皖南宣城金寶圩，歷代傳承著一句民諺：「三代不讀書，放出來一窩豬。」意思是說：任何一個家庭，如果三代之中沒有任何一個人上過學堂，這一家的後代就會變得無知無恥如一群畜生。起於對這種可怕的後果的擔憂，那兒的務農之家很多都供著一個手工木製的書箱，其位置多半是懸在一進大門正面的「堂間」（即客廳）的牆壁上。書箱的右下方亦即堂間的正中是一架窄長高足的條桌，上面供著「天地君親師」的牌位。牌位前面有香爐，每逢農曆節慶和重大的家族紀念日便會燃香焚祭，因此書箱的下部往往被熏得漆黑。這初看起來彷彿是損壞了「聖賢書龕」，其實是以「土科學」的方法保護了書箱。經過多年的煙熏的木箱，對多種蟲害有了免疫力，可保數代無事。

極為奇怪的是（這是我多年以後的疑問），這一整套的「封建四舊」竟然能夠從一九四九年「解放」一直保持到一九六六年夏初，期間經歷了包括「社會主義教育運動」即「四清」在內的歷次政治運動而沒有被掃除。只是到了這一年仲夏那場「大革文化命」的十二級紅色颶風興起之時，那些古舊的書箱、供桌和牌位才被徹底地掃進「歷史的垃圾堆」。可見當時那句源於毛主席語錄的口號「這場文化大革命是非常及時的、完全必要的」云云，還真是有點兒根據？邪乎！

　　窮苦不堪供不起一窩孩子上學的金寶圩的農民們，希冀在家裡供一個書箱來讓自己的後代沾點文字的「靈氣」而不至於墮落成豬狗。我的故鄉的一字不識的農民們真的相信文字有靈氣；他們對一切有字的紙片都極為崇敬，玷汙字紙被認為是對孔夫子乃至上天之大不敬，會遭到雷擊。他們偶爾得到半張舊報紙或由城裡寄來的一頁信，讀後都要挖個小坑埋起來，或者至少是放進灶堂裡燒掉。有一次我親眼見到么舅用鋤頭從巨大的糞坑裡撈起一片被別人用作手紙的舊報紙，用棍子夾到河溝裡洗淨，然後再埋進土裡。當地的農民們很少買得起衛生紙，大便後都是順手撿起土塊樹葉擦屁股，但他們就是不以廢字紙作手紙。這種古舊的習俗直到一九六六年夏秋才被文化大革命「革」掉。[1]

　　我的故鄉的老農對文字所抱的那種宗教一般的崇敬態度，我在金寶圩之外的大千世界裡只親眼見到過一次。二〇〇二年初冬，我應邀赴台灣南部高雄的國立中山大學出席學術研討會，會後我的朋友的朋友們開車陪我逛市郊幾公里外的美濃客家村落。在熱鬧的小鎮的正中央，有一處黑舊的遺址，路標告訴遊客這是「焚字爐」。從古時候起由中原漂流異鄉的客家人，仍然保留著古典時代的風俗，恭敬地把一切印刷或

---

1. 這種古舊習俗被革掉的一個直接後果，是「現行反革命行為」急劇增多。一天清晨，上茅坑大解的一個紅小兵（小學生的仿紅衛兵組織），從他的兩胯之間隨眼往下一看，發現了「階級鬥爭的最新動向」：糞池裡有毛主席的頭像，是印在一張革命造反派報紙上的。於是，鄉村小學校裡所有的人都被動員起來追查誰幹了這件現行反革命行為。結果一個家庭成分不好的校工被「專政大隊」捆走。那年頭，差不多所有的報紙雜誌文件布告傳單信箋上，都印有毛澤東的頭像。那年頭，農村和小城鎮裡又基本上沒有電燈照明，半夜三更上茅房便成為政治上倒大楣的重要源泉。

者手寫有文字的紙張，捧到這個專門的地方焚燒處置。濃重的暮色之中，我站在這處遺址之前，除了深深地躬背作揖，難以有其他的表示。霎時間我感悟到，我們金寶圩的人和這些客家人，都是走動著的宋明時代的出土文物。

金寶圩農家的書箱裡多半收存有《百家姓》、《千字文》、《四書》之類。我大舅家的書箱裡還有《古文觀止》和《唐詩三百首》，這些線裝書相傳是我的一位英年早逝的舅舅遺留下的。那位舅舅是同輩孩子中唯一上過幾年學堂的，年輕時好像還投奔過什麼國民軍抗戰義勇隊；在隊伍裡得了肺癆，返鄉後不治而殂。大舅家把這批遺物視為珍寶，指望自己八、九個孩子中至少有一個能夠被生前聰敏好學的亡靈保佑，上個學堂。我所以能夠得到遺物中的兩冊，是由於我在父親去世後差一點淪為「小要飯的」的境況中，竟然考上了安徽省的一所重點中學。

那兩冊書被我珍藏在一口黑舊莊嚴的衣箱裡，時常拿出來翻閱欣賞。其時我練書法練得入迷，真想仿照《板橋家書》練起來，可是陳老師的告誡止住了我：「你沒把楷書、魏書、隸書、行書四種體練好就去學板橋體，等於是沒學會爬就想飛跑。鄭板橋功夫深，才能寫那樣的怪體。功夫淺的人模仿他會把字寫得油滑輕佻不堪入目。」我對板橋體沒敢練，對《李公廟碑》的篆書又不怎麼想學，於是那兩冊書就珍藏著以為未來之用。時不時地我會拿它們出來照照太陽光；作為宣城人，我自小就知道宣紙印刷的書，保管得好可以幾百年「金身不壞」。

　　一九六六年六月的一天上午，我忽然聽到不遠的街道上（那時我家已經搬到縣城裡）鑼鼓喧天，口號震地。隔壁的一位工人家屬阿姨告訴我：「這是掃四舊的文化革命宣傳隊來了，挨家挨戶動員，要大家主動清理自己家裡的四舊，找出來就丟到街上砸爛燒掉。」我一聽腦子就嗡了：在學校裡我也參加了掃四舊的文化革命宣傳隊，馬上就要開到四鄉八鎮去橫掃。萬一別的掃四舊宣傳隊跑到我家來發現了四舊，我豈不是成了一個「假革命派」？被貼上「假革命派」的標籤後再變成「真革命派」就不那麼容易了！於是我立刻奔上我棲息的閣樓小室裡，取出那兩冊舊書燒了。

　　這便是我的第一批藏書的下場。

　　當年我從未公開承認的是：我一直對那兩冊被焚燒的舊書戀戀不忘，對將它們燒掉的「革命必要性」不以為然。因為據我當時所知，咱們偉大的領袖和統帥也練書法，也臨懷素和尚和張旭等人的舊帖。可是那年頭不敢那麼公開爭辯──你不想要命了？他是誰，你算老幾？

　　正像京劇《龍江頌》（當年八大「革命樣板戲」之一）中的唱辭所道，「堤內損失堤外補」。那場使我失去第一批藏書的紅色革命風暴，很快又給我刮來第二批藏書，而且多得多。

偷書和撈書

我所就讀的安徽省宣城中學，是建於十九世紀與二十世紀之交的古老學堂，擁有一所很大的圖書館。一九六六年冬季，學校被我們紅衛兵擅自改名成「惲蕭戰校」，因為中國共產黨早期的著名活動家惲代英和蕭楚女曾在該校任教。而我們一直不知道的是，當年冒著與省政府高官正面衝突之險，力聘惲、蕭二位年輕才俊的校長，竟是日後被執政的中國共產黨打成頭號「大右派分子」的章伯鈞先生！在紅旗下生長的我輩，其實很多年裡根本不知道宣城中學歷史上最著名的校長便是章老先生，因為官方校史上從來見不著其人其名！[2] 毛澤東的哲學著作裡充滿了有關「實事求是」的論述，能夠將「實事求是」貫徹到這個水平，也真是不容易的事。

原宣城中學的名字雖然被革命化了，那座圖書館依舊被認定是「集封資修之大成」的罪惡淵藪而遭到查封。所有的門窗都被寬厚的木條釘死，並且還加上蓋有「惲蕭戰校革命造反委員會」大印的封條。這個大印章也挺有意思：它不是如通常的機關大印章那樣是圓形的，而是方形的。原因是我們紅衛兵革命小將覺得圓巴巴的章不氣派，大方形印才顯示出「革命造反派的豪邁風格」。其實，方形印章乃是中國千百年來官府印鑒的格式。「最最革命」的紅衛兵，喜歡上「最最封建」的東西，也是一絕。

---

2. 章伯鈞先生的女兒章詒和於二十一世紀初寫出的文章，回憶了她父親那一輩被打成大右派的始末，那是我讀到的這類文字中的上上品。她的大作於 2004 年初以「往事並不如煙」為名在北京出版，兩個月後被禁。

　　我們這幫革命小將們起先全身心都繫於革命造反，每日提著漿糊桶、大刷把上街貼大字報，參加唾沫飛天的大辯論，直到午夜方歸。十幾個人睡在地板的通鋪上，互相嗅著對方的臭腳恬然入睡。第二天凌晨就被播放著〈東方紅〉樂曲的高音大喇叭喚醒，繼續革命，毫無閒暇。

　　可是待到學校裡和本地區黨政機關的頭頭腦腦統統都被我們揪鬥批判、戴高帽子遊街以後，我們的日子就變得有些無聊了。其時尚未進入到真刀實槍的武鬥階段——到那一階段我們成天忙於擺弄從軍隊裡搶來的高射機槍迫擊炮，不亦樂乎。這時就有學生紅衛兵提議：何不趁此時從圖書館裡弄些小說出來讀讀，特別是那些文化革命之前只准教師借閱、不讓學生接觸的「大毒草」，諸如斯湯達爾的《紅與黑》、羅曼‧羅蘭的《約翰‧克利斯朵夫》、蕭洛霍夫的《靜靜的頓河》、巴金的《家春秋》等等，那有多過癮！

　　這個建議一出，我們的心就像被小蟲蟲爬著搔著一樣，再也不得安寧。雖然圖書館的門窗都已經被封死，那也休想難倒革命小將們。一位夢想成為大詩人、能夠大段背誦聞一多、郭沫若、拜倫和普希金的王瘦生，首先探測到可以從隔壁一間教室的天花板上長途「爬」涉到圖書館的上方，再由天花板的通氣窗下降到書庫將書盜出來。王瘦生讓身邊的好友（包括我）分享了他的這項智慧產權。一兩個月之後，書庫裡出名的文學作品就流失了一大半。

　　那些嫌爬天花板通道太費事的紅衛兵小將，乾脆就光明

正大地撬開圖書館門窗的厚木封條，大搖大擺地從書庫裡把書朝自己的宿舍運輸。一九六七年底這個陰冷的冬季還沒有完結，有著七十年歷史的宣城中學圖書館就完結了。

藉由天花板通氣窗，我順著一根他人設置的粗繩索溜下攀上，盜得了大半套精裝本《魯迅全集》和契訶夫、萊蒙托夫、莫泊桑等人的小說。在被其他學生篩選剩下的廢棄書堆裡，我揀到了十幾冊馬克思恩格斯著作單行本，幾冊《列寧全集》和《史達林全集》、蘇聯科學院集體撰寫的《哲學史》譯本多冊，以及狄德羅、盧梭、費爾巴哈、古希臘羅馬哲學家等等的理論著作。

對其他中學生來說太過莊嚴枯燥的這些馬列主義著作和西方古典哲學書籍，於當時當地的我，卻實在是雨中傘、雪中炭。我是當地最最激進的那一派紅衛兵——「八‧一八暴動團」[3]——的輿論主將，要連續不斷地生產「血淋淋的戰鬥檄文」。可是當時的我內心裡已經對這場運動的動機和效果發生了嚴重的疑問，這些疑問對於一個十四歲的初中二年級的學生來說，實在是太深奧太困惑了，孤獨地閱讀理論書籍於是便成了我上下求索的唯一途徑。我先是閱讀最容易讀的史達林著作，不怎麼感興趣。然後轉向閱讀列寧的著作，這才有了一些收穫，但還是不甚滿足。

---

3. 在文革語言體系裡，「八‧一八」是一個神聖的符號：1966 年 8 月 18 日，毛澤東在天安門城樓上接見紅衛兵代表，佩戴上紅衛兵袖章。這個日子於是成為紅衛兵激進運動的「聖封日」。「暴動團」源於毛澤東 1927 年 9 月在湖南發動的「秋收起義暴動團」，紅衛兵組織中最激進的一翼通常會採用這個名稱。

　　於是進而閱讀《馬克思恩格斯全集》的分冊，一下子就找到了知音和良師！[4] 這些通過非常手段所獲得的馬恩列斯著作和西方古典哲學書籍，成了我的第二批藏書。為了表示它們對我的精神上和實體上的永久不可分割性，我在每一冊書的扉頁蓋有「安徽省宣城中學圖書館藏書」的小圓印上，莊重地簽上了自己的大名，這就完成了「產權改革」。日後我去上海讀大學和到北京的研究所工作，都攜這些書同行。只是一九八四年八月下旬在赴美國留學時沒敢帶著，生怕中國海關不放行。為什麼怕？說不上個道理，似乎很不合邏輯，可就是怕。

　　一九八五年初秋當我進入哈佛大學攻讀博士學位時，一位從未到過中國也不研究中國問題的美國同學 Blanford 聽我說，我的獨立思考的自由主義精神最早乃是得於馬克思，他極為困惑。在他這樣的美國知識分子眼裡，馬克思著作是共產黨用來給老百姓「洗腦」的，怎麼可能培育出獨立自由的精神？我於是把青年馬克思〈評普魯士最近的書報檢查令〉一文裡精采的論述的英譯文複印了給他看，其中最後一段是：

> 你們讚美大自然悅人心目的千變萬化和無窮無盡的豐富寶藏，你們並不要求玫瑰花和紫羅蘭散發出同樣的芳香，但你們為什麼卻要求世界上最豐富的東西——精神只能有一種存在形式呢？……每一滴露水在太陽的照耀下都閃耀著無窮無盡的色彩。但是精神的太陽，無論它照耀著多

---

4. 中國大陸普通老百姓對馬克思、恩格斯、列寧、斯達林、毛澤東有一個直觀的比較：「馬恩列斯毛，鬍子一個比一個少。」有些異端的中國青年知識分子，以為這五位的理論水平似乎也與他們的鬍子成正比。

少個體，無論它照耀著什麼事物，卻只准產生一種色彩，就是官方的色彩！精神的主要的表現形式是歡樂、光明，但你們卻要使陰暗成為精神的唯一合法的表現形式，精神只准披著黑色的衣服，可是自然界卻沒有一枝黑色的花朵……。[5]

　　讀了這段獨立不羈、大氣磅礴的評論，那位美國同學——他日後成為著名的研究宗教與英國詩歌的專家——終於相信了為什麼我的獨立精神和自由主義最早源於馬克思！在台北聯經出版公司一九九一年出版的我的《從「新馬」到韋伯》論文集的序言裡，我描述了我在資本主義的心臟美國自覺地宣傳馬克思主義的經歷，可是直到今天也沒有見到中共中央宣傳部通文嘉獎。

贈書和還書

　　一九九四年初春，我回到闊別十年之久的母校宣城中學。此行一是去探望貨真價實的老師們，即年紀很老但仍未改行的教師，二是去贈送一批我為母校購買的書籍，三是去歸還那些四分之一個世紀以前被我以「革命」的名義所占有的原屬於宣城中學圖書館的書籍。

　　母校對我很熱情，特地召開了一個規模接近於最大的歡迎會。最大的歡迎會開不成，是因為全校最大的會議廳裡堆

5.《馬克思恩格斯全集》（北京：人民出版社，1958 年第一版）第一卷，
　頁 6-8。

放著冬天必備的煤炭；沒有它，食堂就生不起灶火。極具聲望的全國特級語文教師陳小平先生對聽眾們介紹我說：「他這次回來是向母校贈書，其中有些是國內外著名作者題辭簽名的珍本。」陳老師為非尊者諱，沒有提到我贈書的重要原因之一是什麼。我對滿會堂臉露感激之情的學生們交代說：

　　我這次回來不但是為著向母校贈書，同時是為了還書（我描述了當年劫掠學校圖書館的經過）。這次我決意不把當年簽在每冊圖書扉頁上的自己的大名塗掉，是為著給你們和以後的同學們留一個紀念，以讓你們知道，在一個古老的文明發祥國，在一所歷史悠久的學校裡，在二十世紀六十年代的中期，曾經有過這樣一批莘莘學子，他們以「文化大革命」的名義，毀掉了文化傳承的基本設施──圖書館。我當年瀟灑地把自己的名字簽在宣城中學圖書館的藏書印之上，客觀地講，是一種無恥行為，即缺乏羞恥的意識的所作所為。我希望今後宣城中學的歷屆校友們，能夠盡自己的財力向母校圖書館贈書，而不要像我們當年那樣盡自己的力量去破壞母校的圖書館。這樣的話，這所學校在未來的歲月裡就不會衰亡。

陳小平攝於南京中山陵公園大門，不久以後文化大革命就開始了。他對中華民國的一切都有強烈興趣。

圍城・馳援・被圍

文化大革命期間安徽省整體在武鬥方面的表現，是遠遠遜色於重慶（當時算是四川省的一部分）、廣西和東北的，但又比大多數的省份出色，所以在全國屬於中上游。這個基本的自我評價必須「醜話說在前頭」，不然會惹得表現更為出色的地區的人們憤憤不平。

「少將」碰上「小將」

當全國很多地區的武鬥已經起步，安徽的淮南、安慶和蕪湖等戰略要地的局勢日趨嚴峻，本省的駐軍變得不管用之際，毛澤東親自下令原來駐紮在江蘇北部的野戰部隊第十二軍，於一九六七年下半年開進安徽，實行軍事管制，以圖阻止武鬥大火越燒越烈。

這十二軍剛一開進安徽，本地的紅衛兵和造反派中間就流傳：十二軍當年在朝鮮戰場上戰功平平，雖然也上過上崗嶺，卻沒有打過什麼特別有名的硬仗，云云。這很可能是惡毒的反革命謠言，但沒有人去核實，倒聽信了它；所以對這支奉欽命入皖收拾亂局的部隊，大家並沒有表示出什麼敬意。

當十二軍軍長李德生——他是一九五五年解放軍第一批授軍銜時被封為「少將」的——召集武鬥兩大派的頭頭談判停火時，紅衛兵小將們斜著眼睛瞪他：「你算老幾，讓我們放下槍桿子？你不過是個少將，比我們小將只多把指揮刀。」——意思是「少」字下的那一撇。

可就是這位李德生，卻立刻表現出不同凡響的政治天賦。時至一九六八年年中的他，也有五十歲出頭了；為著勸說蕪湖市鏖戰的紅衛兵和造反派們別再把武鬥升級了，他竟然打著綁腿、穿著草鞋——這是當年紅軍長征的標準行頭——不戴鋼盔、不攜警衛、不佩手槍，隻身攀登雲梯，爬上三、四層高的武鬥據點大樓，從架著機關槍的窗口鑽進去。

這可是玩命的勾當！他爬雲梯的時候，兩派還在隔著大街對打，步槍、機關槍點射連射沒停過。他這麼一招，還真管用！紅衛兵們認他是條硬漢子，就服了他，把大街上的武鬥據點給撤了。

李德生一身紅軍打扮隻身入虎穴做紅衛兵思想工作的作為被毛澤東知道了，大為賞識，稱他是「政治將軍」，有頭腦。一年多後，就破格提拔他為「中國人民解放軍總政治部主任」（此乃上將或大將級別的要職）、中共中央副主席，一步登了天。所以我們紅衛兵小將說他是「先登雲梯後登天」；當著他的面，再也不敢幽他的默，說「你是小將多把刀，我們是少將沒帶刀，哥們彼此彼此」。

圍城

我本人在紅衛兵武鬥中的表現，似乎還比不上安徽省在全國武鬥中的表現，排列不到中上游。因為年齡小、個頭小又戴著副近視眼鏡，所以我根本就沒有被編進「武衛隊」，而是在「文攻隊」裡任一員幹將。

但是我不甘心於遠離硝煙的文攻生活，只要哪裡有大的武力衝突，我都會插上一腳；從「文革」開始直到結束，都跟有驚有險的日子沾著點兒邊。第一次的大危險，算是一九六七年的「一・一四事件」。

那年的一月中旬，位於安徽佛教聖地九華山腳下的青陽縣城的紅衛兵告急：他們被幾萬農民包圍了；數日之內，會斷糧、斷水、斷醫藥、斷通訊。

農民進城包圍紅衛兵和造反派，是「文革」早期大規模武力衝突的典型方式。按照中共「黨政軍一元化領導」的體制，從省到地市到縣到人民公社，各級政權黨委會的第一書記，同時兼任該層級地方武裝力量的「第一政委」。「地方武裝力量」在省和地市層級上是「軍區」和「軍分區」，統管地方駐軍。到了縣和人民公社層級上，就成了「人民武裝部」，簡稱「人武部」，主要管民兵組織。

被紅衛兵和造反派揪鬥的黨委書記們，級別高的，就往省軍區和地市軍分區裡面躲——那兒是「軍事要地」，門口有大兵荷槍站崗，紅衛兵和造反派在一開始還不敢朝裡面橫衝

抓人（過了一陣子咱們就敢了，這是後話）。級別低一些的，就往縣人武部裡躲。縣人武部通常只有一個小院子，躲在裡面容易被外面的人看見，也憋得慌。膽子特別大的縣委書記們不甘心被捉去遊街示眾，甚至會下令調遣四鄉八鎮的民兵，進城護駕。

青陽縣城地處崇山峻嶺之間，縣人武部通過遍布鄉鎮的民兵系統一聲令下，說是「一小撮反革命右派學生策劃綁架了縣委領導，廣大貧下中農要挺身而出粉碎右派翻天！」並且許諾——這是最打動農民的——進城來護駕的農民，管吃管喝還補貼工分（「工分」是農民下地幹活的計時報酬）。這樣的美差誰不要參加？於是一晝夜之間，漫山遍野都湧出成群結隊的農民，把個青陽縣城圍得裡三層外三層。率領農民大軍圍城的一位人武部副部長發出豪言壯語：「這下子進城抓造反派學生，跟進褲襠抓雞雞沒兩樣，手到擒拿！」

這是我們紅衛兵衝擊縣委縣政府大院後，繞人力搬到宣城中學校園裡的小轎車。沒有車輪，估計是縣衙門的官員指令卸掉的。轎車蘇聯進口，只有大官才能乘坐。

馳援

　　圍城的民兵和農民們尚未攜帶正規的軍械，那時候的武鬥還沒有發展到這一步。不過，他們絕大多數卻配備著一樣利器——上等樹桿經煙熏矯正、筆直成線、兩端鑲著鐵頭尖刺的扁擔。在我們安徽鄉間，普通農民的扁擔是毛竹做成的，力氣過人的農民的扁擔才是樹桿製作的，能挑三、四百斤不開裂。青陽深山裡的農民的扁擔又高了一等，屬於「奇門農具」：它的兩端包鑲鐵尖，有六、七寸長，平時上山砍柴，不管是成捆的茅草還是成捆的木柴，只要扁擔鐵尖朝裡一戳，一頭一捆，擔起來就走，乾淨俐落，省了用昂貴的麻繩。山民們喜愛這鐵尖扁擔，還有兩個原因：深山老林裡碰上野豬豺狼豹子一類的猛獸，這桿扁擔立時成了自衛的獵器；荒無人煙的小徑上與強盜劫匪遭遇，這桿扁擔又成了攻擊的兵器。青陽的山民們多半會幾手武藝，　桿鐵尖扁擔揮舞起來，四、五個壯漢近不得身。

　　我們宣城的援兵以學生和工人為主，加上普通職員和市民，約有兩千人，徵得幾十輛大卡車，浩浩蕩蕩上了路。過了一個多小時，就與其他縣市來的增援車隊在途中會師。快到青陽縣境的時候，已經前不見頭、後不見尾，數百輛大卡車連接成蜿蜒幾十里的長龍，發出低沉的撼地的馬達聲和直衝雲霄的飛揚的塵煙。

　　漸漸地，我們前頭部隊到達距青陽縣城只有幾里路的要道口。我們這幾輛車屬於指揮、協調、宣傳眾核心小組的，

配備有當時能夠合法非法弄到的最好的步話機、無線電發報機、小型發電機、播音系統和醫療急救設備。這時已經暮色濃重，四周的山地黑黝黝的，並不見圍城的農民們在入城的要道口設障阻擋。我們估計，十有八九是這幫沒見過大世面的山民們被汽車長陣給嚇跑了——數百輛大卡車的燈光這時在曲折的山道上連成串串火龍，首尾呼應，氣勢儡人。

指揮車發出命令：全體車隊馬上進城，儘快與被圍困的當地紅衛兵和造反派會合，協調下一步的聯合行動步驟。

這一天便是「一‧一四事件」的前奏——一九六七年一月十三日。

若干年以後我才注意到，那一天是星期五。很多年以後我才知道，十三號碰上星期五，預示著不是好事。

被圍

一路顛簸趕來聲援的外地紅衛兵和造反派們，隨便找個能睡覺的地方——學校教室、公共澡堂、旅店客棧、機關單位、國營商店、醫院診所——倒頭便睡。我們宣傳組的一小群人，卻必須守在卡車裡，連夜趕編趕印趕發革命傳單。忙到天剛濛濛亮的時候，忽然看到兩個值夜班的人神色緊張地小跑過來，報告我們旁邊那輛負責通訊協調的卡車上的人說：進城出城的交通要道路面統統被挖斷，城周邊樹林裡有多處篝火，人影幢幢，號角聲依稀可辨。

　　天色越接近明亮，情況越接近明朗。等到冬日早晨的陽光把這個小山城喚醒以後，咱這一方就全然明白了自己的處境——當我們從各縣市趕來聲援被圍困的青陽縣城的紅衛兵和造反派的時候，青陽縣委、縣人武部也在加緊組織更多的民兵和農民趕來增援圍城的人馬。頭一天傍晚我們在入城要道口那裡嘲笑沒見過大世面的山民被汽車長陣嚇跑了的當兒，他們的指揮官和民兵營長、連長們在嘲笑我們這群外地飛來的傻鳥「光著頭鑽刺窩」——路口上原來封城的民兵崗哨撤走是為了「誘敵深入、關起門來打狗」！等到我們的車隊開進城裡，他們就趁著夜色的遮蔽，把四面八方能行駛車輛的道路全給挖開了。

　　我們連夜趕編趕印的傳單上，把自己一方的「滾滾鐵騎」（汽車大隊）載來的援兵贊為「飛將軍自重霄入」——那是借用毛澤東一九三一年夏〈漁家傲‧反第二次大「圍剿」〉詞中的名句。在傳單的結尾處套紅印著這首詞的下半闋三行：

七百里驅十五日，
贛水蒼茫閩山碧，
橫掃千軍如卷席。

　　我們的傳單散發出去沒兩個時辰，對方的傳單就撒進城裡來了。那上面也套紅印著毛澤東的一首詞，也是作於一九三一年夏，也是用的〈漁家傲〉詞牌，不過是〈反第一次大「圍剿」〉：

萬木霜天紅爛漫，
天兵怒氣沖霄漢。
霧滿龍崗千嶂暗，
齊聲喚，
前頭捉了張輝瓚。

　　他們把我們比作一九三〇年十二月底在江西龍崗大戰中被紅軍活捉的「敵軍師長」張輝瓚；張是蔣介石派去圍剿共產黨根據地的「前敵總指揮」。

覓食

　　青陽縣城裡的我們，已經成了甕中之鱉、籠中之虎。小小的山城裡，頓然增添千名生猛人口，原本就缺糧的狀況立時變成燃眉之急。我們來的時候也隨身帶了一點乾糧，兩三頓下來，也就基本上給報銷了。那個年頭的我們，除了粗菜糙糧以外，腸胃裡進不了多少油水，肚子的容量也就特別可觀。我們常表示，要是中華人民共和國再來一次軍官授銜，咱們都別爭高低，一律要求被封為「大尉」（大胃）得了。

　　到了一月十四日的下午兩、三點鐘的時候，滿青陽縣城裡能停車的地方都停滿了我們的車，能走路的地方都擁擠著我們的人。所有這些竄來竄去的人都在忙著同一件事——找吃的。毛澤東時代的中國城鎮，公共廁所不多，飯館餐廳更少。我們到處亂竄覓食，找的並不是寥寥無幾、空空如也的飯館

餐廳,而是「副食品商店」──所有那些賣糕點、零食、豆製品、瓜果和南北乾貨的雜貨店。

我幸運地在一間後街窄巷的小店鋪裡買到兩個麻餅,巴掌大小,約莫半寸厚,加起來七、八兩重。這兩個令很多人眼紅的麻餅,沒有親密戰友盧扁通風報信,我自力更生是斷然找不著的。在臨近街面的所有店鋪都已經被半飢餓的造反派戰士幾番尋覓以後,精明的盧扁決定不再白費力氣在老地方周旋。他讓本地的兩個小男孩領著他找副食品商店,許諾──這是他從青陽縣委、縣人武部動員農民圍城法中現買現賣學來的──只要找到了有吃食出賣的店鋪,就給他們每人買一根棒棒糖。那兩個男孩沒命地領著盧扁奔後街穿小巷挨店挨鋪地搜索,終於找到了一家還有少許麻餅和董糖(通稱「酥糖」)的小店。盧扁掏出了他口袋裡所有的鈔票和糧票──那年頭買食品只有鈔票是不成的,還得有糧票;我們城鎮戶口的中學生,每人每月二十一斤(市斤)糧票──買了六個大麻餅。我跟蹤而去,買了兩個,那是我力所能及的大手筆。

我這位親密戰友盧扁,用本地老百姓的話說,是「南天門掉下來的一隻豬蹄子──不是凡腳(平凡角色)」。他爸是我們那兒的一個相當有實權的縣政府科局長,但他認定「大造一切走資派的反」是件既必須做也樂得做的事,於是他心甘情願地參加了我們那一派在當地屬於最激進的紅衛兵組織。盧扁的革命造反精神有目共睹,每次召開批鬥大會或者全城大遊行,他都是主動請纓領頭呼口號。這個革命角色的風險程度,諒諸位在本書有關江胖的那一章裡已有領教。我們的盧

扁在他不計其數的大出革命風頭的表現中，至少有一次老馬
失蹄。那是全城兩大派大遊行的對峙關頭，盧扁是我們這一派
的首席口號領呼人，手裡的擴音器揮舞的力度和姿態均恰到
好處。就在我們的遊行示威隊伍經過縣人武部院子大門口的
時候——造反派都知道本縣最重要的走資派十有八九躲在裡面
避難——，盧扁的口號喊得特別激情：「打倒劉少奇，保衛毛
主席！」連喊了十數遍後，盧扁終於失口，喊出「打倒毛……」

「毛」字一出口，便構成滔天大罪，罪該萬死，而且是「死
有餘辜」。別的人到這一步，都只有雙膝下跪、主動請罪的份
兒，我們當時也預期盧扁這下子算是完了，該給「專政大隊」
拖走關起來了。誰知他竟然出乎所有人的意料，把那句罪該
萬死、死有餘辜的口號，一口氣不停頓地喊了下去：

「打倒毛主席的最最陰險和最最凶惡的死敵大叛徒內奸工
賊劉少奇！」

盧扁這一句結構奇特的超長口號喊到最後一個字（他喊每
一個字的時候都是汗珠滾滾），全體遊行隊伍的人才把前半分
鐘憋著的那一口氣舒了出來，對他死裡逃生的高超伎倆表示
由衷的佩服。盧扁的急智——他的腦袋又大又扁又靈光——由
此可見一斑。

絕食

當城裡能找到的吃食急速減少的同時，城裡流傳的各式各樣的消息卻急速增加。有人告訴我們，圍城農民中的骨幹力量民兵幹部們暗地裡帶了手槍和手榴彈。又有人告訴我們，城裡已經潛進對方的奸細數十名，分布於要害地段，以作裡外策應。圍城大軍遲遲沒有攻進城來，主要原因是縣委書記、副書記和縣長等幾個黨政要員被扣押在青陽縣紅衛兵的手裡。紅衛兵們十分清楚，這幾個縣黨政頭頭，是策動民兵和農民圍城的幕後黑手。圍城農民大軍的指揮部早就放話：「你們只要放了縣委領導，我們就散夥回村，抓革命促生產。」青陽縣紅衛兵嗤之以鼻：「紅衛兵小將是革命的孫大聖，火眼金睛早就看穿了你們的詭計！你們先撤兵，咱們再坐下來談判。」「孫大聖」是紅衛兵引用毛澤東詩詞的自譽；毛詩云：「金猴奮起千鈞棒，玉宇澄清萬里埃。今日歡呼孫大聖，只緣妖霧又重來。」

於是就形成了眼下的僵局：圍城大軍不敢立刻攻進城來，生怕紅衛兵急迫之下傷害他們手中的人質，儘管那時候大家還不習慣用「人質」的說法。紅衛兵也不敢突圍衝出城去，對方的力量太大，成千上萬枝鐵尖扁擔結成的陣勢，諒你衝出去幾步也跑不遠，就給生擒活捉。

圍城指揮部的戰術變得越來越清楚：他們要把城裡的紅衛兵造反派圍困到餓得打不了架、乏得跑不動路的地步，方才大舉入城，不費吹灰之力，一個個活捉我方大小頭目。用

他們指揮官的話說，農民們已經準備好幾百副捆山豬的藤條竹簍，要生擒活捉那些膽敢造反鬧事的本地小壞蛋，和膽敢跑來支援他們造反鬧事的外地大壞蛋！

面對這樣的局勢，青陽縣城和外地增援的紅衛兵造反派聯席會議當即決定：從一月十四日下午六時起全體絕食。

這個決定十分及時，反正城裡剩下來能吃的東西也不多了。與其被生生餓垮，不如把飢餓當作政治武器，與對方攤牌較量。

全體絕食的命令是下午四點多鐘發布的。盧扁提醒我：六點鐘以後誰再吃東西被發現了，可就等同於貪生怕死、背叛革命。找到一個背開人的角落，我掏出還剩下來的麻餅，高效率地塞進了嘴裡，連包麻餅的那張紙都來回舔了兩遍。

虛脫和解脫

絕食指揮大本營便設在青陽縣委大院裡，縣委書記、副書記和縣長那幾個走資派便扣押在院內的辦公樓裡。我們的汽車停在院子門外兩排，院子門內兩排，為的是保護指揮大本營。指揮組、通訊組、宣傳組的專用車和小組工作人員當然也在這個核心圈子裡。我們的絕食宣言書言簡意賅：

——勒令青陽縣委和縣人武部立即下令撤圍，遣散民兵和
農民返回原村，不得以任何理由再逼近縣城！

——勒令青陽縣委和縣政府火速調送食品、藥品給城裡的
　紅衛兵和造反派！

——勒令青陽縣委和縣人武部立即交出挑動農民鬥學生、
　組織民兵圍城的幕後黑手！

——勒令青陽縣委和縣人武部通告境內沿途的民兵組織和
　農民，不得以任何方式為返回原地的外縣市造反派車隊
　設置路障！

　　印完了這份絕食宣言，我們宣傳組的文攻戰士便橫躺在
卡車車廂裡，以保留尚存的那一點點體力，以利再戰。

　　絕食鬥爭的中心是縣委大院裡的那一塊場地，別處的紅
衛兵造反派戰士可以在他們寄宿的室內絕食，而大院裡的那
塊場地是露天的。時值一月中旬，夕陽西下之後絕食發起之
時，室外氣溫降到只有攝氏三、四度。

　　報名參加室外絕食的紅衛兵造反派戰士約有三百多人，
大家席地而坐，圍成幾個圈圈，每個圈圈的周邊是男戰士，
內圈是女戰士。天黑以後，我們生起了篝火，柴薪便是縣委
辦公樓裡的桌椅板凳衣櫃書架。我們將家具拖出來，砸碎點
燃，邊砸邊大呼「不破不立！」這青陽山區盛產上好木材，家
具耐燒，並且散發出郁烈香氣。

　　這一夜的絕食到第二天凌晨四、五點鐘的光景，先倒下
去兩位體弱者，均是女性。她倆頭暈不支，漸而眼前出現幻
覺，抬去醫院，也沒有葡萄糖生理鹽水。找來一點紅糖泡開

水給她們喝，她倆堅辭不受，寧願絕食犧牲也不肯中途易弦滋補糖水。

大清早趁著少數當地人出城，我方混雜在其中幾名探子，去刺探圍城大軍的動靜，不幸半數被抓獲。圍城的民兵指揮部捎過話來：如果我們在城裡傷害了他們一派的戰友，他們就把我們的探子點天燈。「點天燈」是山民們懲罰土匪毛賊的傳統方式：把人剝光以後吊在樹梢上，下面堆放松油樹枝，點燃以後，將人活活燒死。人被燒烤時油脂滴下來，勾引松油樹枝的火焰上竄；遠遠望去，像是一盞特大的豆油燈。

一月十五日的中午，又倒下去幾個絕食者。到了下午五點鐘左右，天上忽飄下雪片，支撐不住、虛脫暈倒的已達三十多人。原本絕食戰士還間或吟唱「毛主席語錄歌」，到了這當兒，就哼不出聲來了。我們宣傳組的幾個人靠在卡車的輪胎上，坐守著文攻的器材紙張。放眼四周，縣委大院裡一片白茫茫；飛舞的雪花下，暗紅的篝火襯托出黑黝黝的團團人影，互相緊緊倚靠著，偶爾會發出衰弱的咳嗽聲。

醫院和診所那邊非常擔憂，照這樣下去，虛脫的人數會急劇上升，又沒有必需的藥品，體質差的怕難保性命。那個年頭的中國人民少有營養健全的，一頓不吃，就頂不住；一天兩夜不進食，哪能抵擋得了冬季的寒冷，急性肺炎之類是難免的（幸虧那時還沒有「非典」／煞司／薩斯／沙士問世）。

絕食指揮大本營一面命令把被扣押的縣黨政領導們從生著炭火的裡屋拖出來，擱在露天的陽台上晾著，讓他們親眼

目睹絕食場面；一面加緊把青陽縣城裡的局勢向安慶、蕪湖、合肥、南京等大中城市告急。拍出去的電報一份比一份悲壯，一份比一份更撞擊人心：

「青陽城裡風雪交加，革命造反派戰士已絕食一晝夜！」

「露天雪地裡，數十名戰友絕食暈倒！」

「十萬火急，夜間氣溫零下五度，百多名絕食戰友奄奄一息！」

「青陽走資派的反革命陰謀即將實現，上千名紅衛兵造反派就要被飢寒奪去生命！」

這些駭人的電報從一個城市傳到另一個城市，在那些與我們同屬一大派的紅衛兵造反派組織中像雪球一樣滾動著，越滾越大，越滾越猛，最終向著同一個目的地——首都北京滾去。

與此同時，對青陽縣頭幾號走資派的再教育正扎扎實實地進行著。從溫暖的屋裡霎時被拖到露天陽台上，縣委書記、副書記和縣長們即便是裹在厚重的棉軍大衣裡，也禁不住鼻涕直淌。不多時，掛在短鬚上的鼻涕就變成了小型冰淇淋一樣介乎於液體和固體之間的東西。在是不是應該給這幾個走資派飯吃的問題上，紅衛兵小將中間發生了尖銳的爭執。一些人認為不給他們飯吃便違反了毛主席親手制訂的《三大紀律八項注意》中明確規定的「不虐待俘虜」一項。另一些人則認

為他們根本沒有向我們繳械投降，怎麼可以算作「俘虜」？這幾個傢伙是死不改悔的走資派，毛主席早就教導說「對敵人的仁慈就是對人民的犯罪！」

在一開始的時候，前一種主張占著上風，紅衛兵小將甚至給走資派的陽春麵裡放進青蔥和醬油，可是當越來越多的絕食戰友衰竭倒地之後，第二種主張便大得人心。幾個走資派被迫參加了我方的絕食，這些在一九五九至一九六一年史無前例的大饑荒期間也沒少吃一口的人民公僕，終於在史無前例的文革中，首次嘗到餓飯的滋味。斷了他們一頓晚飯，便涕淚橫流地哀號，說在陽台上熬不住了，懇求小將們讓他們進裡屋去繼續陪著挨餓。押送他們的幾個小將——其中就有盧扁——惡狠狠地指著陽台下面的青石板正告他們：「我們絕食餓死前的最後一口氣是專留給你們的——把你們頭朝下推下去」！

像雪片一般飛向北京的加急電報，經由安徽省革命造反派駐京聯絡站和首都紅衛兵的傳遞，終於呈報到文革期間的「戰時內閣」——中共中央文化革命小組（簡稱「中央文革」）那裡。組長陳伯達和第一副組長江青口述了〈四點處理意見〉：指示青陽縣委、縣政府、縣人武部立即調送食品和藥品給城裡的紅衛兵造反派，全力搶救生命垂危的絕食人員；指示它們立即解散圍城的民兵和農民；指示青陽紅衛兵造反派馬上釋放被扣押的縣黨政領導幹部；指示外地來聲援的紅衛兵造反派馬上返回原地鬧革命。

中央文革的〈四點處理意見〉堪稱老到，打了我們三十大板，卻打了青陽縣黨政頭頭們七十大板。可是這份及時雨般的急電卻欲送無門：縣郵電局的職工已不知去向，鐵將軍守大門；縣委和縣政府辦公樓裡的機要秘書室也沒有人在值班，門上貼著封條。我們隨車攜帶的收發報機是私自設置的，嚴格說起來屬於「非法電台」，北京當然不會朝它發送電報。中央文革最後把電報發至臨近青陽的一座軍用戰備電台，指令部隊向涉事的各方轉交。文革中有「傳達毛主席的最新指示不過夜」的雷屬風行規矩，就是說全國大地上任何區域的任何單位和任何個人在任何時候接到來自偉大領袖的隻言片語，都須想方設法──無論是驅車還是騎馬，步行還是蕩船──將其傳送到周邊的村村寨寨、家家戶戶。

青陽城附近的軍用電台用吉普車在凌晨三、四點鐘的時候給我們送來中央文革的指示；當我方的男女廣播員用激動顫抖的語調念出來自首都「無產階級司令部的聲音」，全場絕食人員──包括那幾位被迫陪同絕食的走資派──都一遍又一遍地振臂高呼「毛主席和咱們心連心！中央文革和咱們親又親！」「抬頭望見北斗星，心中想念毛主席！」只不過被打了七十大板的他們，喊得不如我們激情充沛。

為著讓城內城外各幫各派都能儘快落實中央文革的英明指示，所有的廣播車和喇叭站都開足馬力，不休止地宣讀〈四點處理意見〉；一切可以找到的油印器材，也都連夜運轉起來，印刷傳單，星夜散發。到了天明之際，擁護〈四點處理意見〉的大字報和大標語貼滿了小小縣城的大街小巷。時至上午

十一點鐘左右，城外的民兵和農民大軍失去了蹤影，我們同時也領到了急救的食物。我從一處免費食品發放站——全城有十幾處——憑著自己的「八‧一八暴動團」的紅衛兵袖章，領到一小口袋蘇打餅乾，那是我長到那麼大第一次吃到鹹味餅乾，南京製造的。

一月十六日下午，我們的車隊得勝歸朝，返回宣城。可憐的母親看到我滿臉青灰色，猜到我們這幾天吃了不少苦頭，泡了一碗珍貴的紅糖開水——那年頭城裡人每戶每月只配備四兩（二百克）紅糖——讓我喝下。吞下一海碗陽春麵，我心滿意足地便去城北門的澡堂子泡澡，清洗滿身的征塵。半小時以後，我暈倒在熱氣騰騰的浴室裡，被好心的同浴者架著出來；他們挺納悶，這麼小小的年紀，怎麼像老年人一樣「暈澡」？我像一隻斷了筋骨的大爬蟲，在躺椅上光著屁股蓋著毛巾養息了兩個時辰，才爬得起來顫巍巍地走了出去；再過一會兒，澡堂子就要關門了。

送槍·搶槍·耍槍

正像前面所講到的，文革中的武鬥初級階段，多半是以鄉下的農民為一方，以城裡的紅衛兵和造反派為另一方，呈農村包圍城市之勢。雖然一九六六年八月有《中共中央關於無產階級文化大革命的決議》下達，簡稱《十六條》，明文宣示「要搞文鬥，不搞武鬥」，農民們卻很少買帳。遇上圍城的農民，我們紅衛兵跟他們辯論，說「《十六條》規定如何如何……」，農民會把大嘴一撇：「你們有《十六條》，老子有扁擔一條！」

被扁擔一條多次教訓過的紅衛兵和造反派，自然不甘心於手無寸鐵鬧革命的雅致方式；但是不論我們怎樣地想方設法，總是比對方差了一大截。

在武鬥的軍備競賽中相對保守的一方（俗稱「老保」即「保皇派」）比激進的一方享有突出的優勢，此中原因不難解釋。比較保守的那方背地裡對走資派很溫和，走資派背地裡對他們就很照顧。走資派當權多年，手裡的有形無形的資源並沒有一夜間都給剝奪乾淨，關鍵時刻點撥一下，結果便大不一樣。

這是在 1968 年初春，腰佩當時最新型號之一的「五四式」手槍，大約配有三十至四十發子彈。

送槍

待到我們激進派緊隨老保們，也用木棒鐵棍大刀長矛之類自製的兵器武裝起來，武鬥的軍備競賽就不可避免地與時俱進，跨上一個嶄新的台階——真槍實彈。在我們那裡，這個新台階大約是一九六七年的秋季攀登上的。老保那一派得了人武部系統的內部指點，把民兵的軍械庫給搶了，這當然是明搶暗送。民兵的軍械庫原本是分散到人民公社和鎮一級保管的，武鬥一開打，就集中保管了，保管的地點和軍械的品種都是極機密的，非人武部的領導幹部無緣知曉。可我們那兒的老保們一搶就搶了個準，短槍、長槍、機關槍、子彈、刺刀、手榴彈都成龍配套地放在一處，搶來就能分發下去用於實戰。而我們一派的人到人武部去搶槍，搶到的都是些沒有槍栓的三八大蓋或者鐵鏽豐富的裂牙刺刀，連顆完整的手榴彈都沒搶著。

你想想看，當敵對一方已經用真槍實彈全副武裝起來，而自己一方卻還是手持粗木棍和尖鐵矛，心裡哪能不打鼓？我們那時候又沒有得高人指點，沒琢磨出來「非對稱戰略戰術」，因此成天急得團團轉。

這期間我們一派的指揮部為著保存實力，也曾連夜把少數骨

這是我們那個最激進的紅衛兵組織九成員唯一現存的合影。左上方是我手書毛澤東詞句「指點江山」，時為1966年底。

幹人員秘密運送到南京去暫時避難。那是我第一次有幸在狹窄的卡車車廂裡，與頗為傾慕的一位同姓不同性的紅衛兵領袖相對而坐，總希望這逃難之旅越長越好。江蘇那時全省分成兩大派，一派稱「好派」，一派稱「屁派」，源於對一次全省範圍內向原江蘇省委及省政府奪權的大舉動，是持「好得狠！」還是「好個屁！」的正反態度。奇怪的是，這兩大派在本省內打得不可開交，卻對安徽省的局勢持完全一致的態度，統統站在我們激進造反派的一邊。

搶槍

在南京短暫避難返皖以後，我們就琢磨從哪裡弄到大批軍械自我武裝。「大批」的意思是成千上萬，因為這時候的本派骨幹分子已經配備了真槍實彈。我本人作為「文攻隊」的主將，即便沒有上陣殺敵的光榮任務，也領有一枝第二次世界大戰時期德國造的駁殼槍，俗稱「盒子炮」。年紀雖然大了一點，卻威力十足，扳機一扣，轟隆如雷，憑我的手勁，根本穩不住它；你明明瞄準著正前方，槍口會震偏到三十度開外，把左右並肩的戰友嚇得鼠竄。好在我分得的子彈少少，不足二十發，難以每日開火威脅到戰友們的安全。至於這批槍枝從何處弄來，卻是本派的最高機密，好像是一位很同情我方的民兵幹部，怕我們全都亡命於對方絕對優勢的武力之下，暗暗通氣，半偷半送地讓我們得了幾十枝老爺槍械護身。

　　解決槍荒的目標很快落實到南京軍區駐宣城南門制高點的通訊站大院裡，這通訊站就在我們宣城中學的緊隔壁，它的後部又與一間軍用被服廠大院相連接，範圍極廣大。通訊站大院裡有幾排大平房蓋成的軍用物資倉庫，神秘兮兮的軍事單位，與學校的男女廁所只有一牆之隔，雖然我們每天上學放學都要路過它的大門口，它卻從不露內裡真相。本派「革命造反聯合指揮部」──簡稱「聯指」，對方一派稱其為「臉紫」，意思是我們都快要死了──準確得悉那幾排平房倉庫裡藏有大批軍火，不可能沒有內線的通報。那間被服廠裡有數百名軍人家屬作職工，不算是正式的士兵，居住在縣城的平民社區，十有八九是她們中間某幾個人給「聯指」的頭頭們通風報了信。不過「聯指」的核心領導層沒敢大意，安排了至少一起秘密核實的操作，聽說是先把通訊站的廁所下水道堵住，接著派人扮作掏大糞的農民，混進通訊站大院裡，把那幾排軍用倉庫察看得仔仔細細。所以當我們接到搶槍的行動命令的同時，也都接到詳細的地形方位介紹，告訴每一個人衝進通訊站大院後，應該朝什麼方向怎麼跑、跑多遠、怎麼入室、怎麼撤離。

　　衝擊軍事禁地──通訊站乃屬軍隊的神經系統，其重要性不言自明──是要冒極大風險的。時至一九六七年的年底，雖然已經有江青一幫喊出口號「揪軍內一小撮走資派！」「打倒帶槍的劉鄧路線！」「文攻武衛！」等等，紅衛兵和造反派們心裡還是沒有底。那個年頭是章法全亂的時代，也沒有任何文件正式宣布「嚴禁衝擊軍事要地，違者鎮壓！」的法令不再

有效。我們在南京避難的時候，就親眼目睹包圍著南京軍區大院的紅衛兵和造反派不敢朝裡衝，因為軍區司令許世友發了狠話：南京軍區擔負對台灣和美國第七艦隊作戰的重任，誰敢衝擊他的指揮部禁地，格殺勿論！我們宣城的軍事通訊站，是南京軍區管轄，萬一這位少林和尚出身的許司令發了毛下令開火怎麼辦？

　　這許和尚在我們那一帶是極有威懾力的，傳說他禁止任何人不經報告跨進他的辦公室，違者丟下小命。他的妻子有天忘了這條禁令，被他手起一槍擊斃；他當時坐在辦公桌前，背都沒有轉過來，手槍是由腋下反腕射擊的，可見槍法之準。又傳說某次毛澤東也沒經報告走進他的辦公室，被他打了一個耳光：「你要不是我的主席，今天也沒命了。不過軍令不能當兒戲，權且以一巴掌充罰。」可見他治軍之嚴。這類傳說的準確性，老百姓無緣求證，但它們的心理效力，卻十足實在，因此「聯指」頭頭們要把高風險因素，納入行動計畫之中。當時最能為我們壯膽的，是林彪和江青的有關講話，規勸紅衛兵小將不要隨便衝擊部隊駐地，同時規勸戰士們萬一被小將們衝擊，要持克制態度，多做說服教育工作。「聯指」領導層的部署由此而定為：讓紅衛兵作搶槍的先鋒，如果部隊不開槍，其他的造反派（他們都是成年人）就跟上去。事實上被當作炮灰使的我們，卻覺得受到極高的重視而洋洋得意；我本來不在搶槍先鋒隊之列，哇哇叫抗議了一通，才被接納參與。

　　那個星期日早晨八點半鐘左右——選取這個時刻是要趁部隊戰士休息日吃過早飯正忙於洗衣服之機——我們從軍事通訊

站的側面發起突然襲擊。五、六百名中學生紅衛兵的一小部分從側大門往裡強行進入，引得所有值班的士兵全都集中到大門口排成隊伍阻擋，大部分紅衛兵卻埋伏在宣城中學圍牆的內側，見勢便一擁而上，一人肩頭托一人從圍牆上翻身而入軍營。慌亂之中士兵們跑過來攔截，正中了我方的計謀，勢單力弱的大門立時被撞開，緊隨著紅衛兵的造反派大隊伍蜂擁而來，軍營裡馬上亂了套。面對著數千名有備而來的搶槍人員，百把名士兵只能高呼毛主席語錄，秀才遇到兵地作無為的宣導。不過這裡的「秀才」其實是兵，這裡的「兵」反倒成了秀才。

我置身於紅衛兵隊伍裡，被動地捲入搶槍的第一波洪流，直撲大平房軍械倉庫。幾百人的衝刺下，倉庫門窗頓時灰飛煙滅，我還沒有醒悟過來，就已經滾到了放滿手槍的櫃子口頭。我本能地伸手、本能地縮手，把閃著藍光的嶄新的「五四式」手槍一枝又一枝地塞進外衣的口袋、內衣的口袋，和所有能插進手槍的褲腰帶空隙處。直到我壓得再也透不過氣的當口——周圍全是人擠人、人壓人、人疊著人，一片掙扎聲、嚎叫聲和汗臭味——才從人堆縫隙裡爬出來，朝事先「聯指」頭頭們部署的方向撤離。

這時候軍營裡已經是埃落塵定，局勢分明。大兵們從最初的慌亂中清醒過來，判定他們人單勢薄，無法層層設防、步步為營，於是採用林彪在東北戰場上實踐的「三三制」，也就是三個士兵結成一組，圍殲一名敵人。他們集中守在側門口和圍牆的低矮處，見到有不穿軍裝的人往外跑，就三對一

地圍攻上來，先繳械後放人。紅衛兵小孩們搶到槍後，多半是誰得手誰先跑，已成散兵游勇。收穫豐盛的我，氣喘噓噓地直奔圍牆，一看那高度，再看無人肩托，就傻了眼：那牆壁萬萬不是我輩可以縱身而過的；沒辦法，只好硬著頭皮闖側大門。守在那兒的幾組士兵們一看我，三面合圍，把我從地面直提起來，雙腳落空，褲腰帶周邊的手槍紛紛掉下；然後他們伸手入我的口袋，又有一番收穫──總共繳到七枝手槍。

我大聲抗議，大聲號叫，大聲罵街，大聲威脅，一點用也沒有。幾個身強力壯的大兵看著我這個不到他們肩頭高的男孩在那裡口出狂言，反倒覺得是一種消遣；無奈的我只好滿口吐沫星子地被扔出了軍營側門。

我的憤怒其實主要不在那七枝手槍中的六枝，而在其中的一枝。我去搶槍的時候，隨身帶去了那枝德國造的「盒子炮」；大兵們不問三七二十一，把它也給收繳了。我回去怎麼向組織上交代呢？我們一派那麼缺槍，組織上那麼看重我，分給我一把手槍自衛，我卻把它給丟了！恥辱啊恥辱！別人去搶槍，要麼是搶到的多多，要麼是搶到的少少，最差的也就是空手而歸罷了，而我搶到的卻是負數。「你是唯一的一個去搶解放軍的槍、反被解放軍搶了槍的小將。」我們那派紅衛兵的武衛頭頭「大肚子」跟我說。「你哪算是革命小將，頂多算是芝麻醬、蠶豆醬、酸辣醬。」

「大肚子」的話不純粹是挖苦，他對我如兄長一般地愛護。他的肚子從外表看一點都不大，又高又瘦，主要是他嘴饞，

每時每刻都在想像著吃和談論著吃，並宣稱能一頓吃下四鍋鍋貼餃也就是四十八顆，或者十六顆五香雞蛋，飽嗝都不會打一個。他對任何物品貴賤的衡量，也都是以鍋貼餃為單位：「這雙膠鞋值三鍋鍋貼餃，還可以。」看見一個走資派腕上的國產手錶，問到是一百二十塊錢，他驚呼：「你這個資產階級，手上戴了一年吃的鍋貼餃！」在整個武鬥期間，危險時刻大肚子都用他的身體護著我。

　　本派紅衛兵組織出面，與軍事通訊站交涉，要求歸還我的那枝被他們收繳去的駁殼槍。當兵的一肚子氣，原不想還，後來發現這枝德國造的手槍在他們那兒不好登記入冊，就還給了我們。組織上照顧我年小體弱，換配給我一枝「五四式」手槍，小得多，輕得多，好使得多。

耍槍

　　那一次搶槍，令我方增添了數百枝輕重槍械，不過所獲彈藥並不多。在小將們搶到的軍火中，最壯觀的是一門雙管高射機關槍，單單槍管本身就有三公尺多長，加上底座，足足五公尺長。可惜沒有槍栓，也沒有子彈，開不起火來——這顯然是部隊作了防範措施，把一門高射槍分作兩處儲藏，「一槍兩地」，搶來無用。不過我們還是充分發揮了它的威懾力，將它置放在宣城中學第一教學大樓的樓上正中央，槍管從堆著沙包的門洞平伸出去，氣勢洶洶，弄得外界望而生畏，不敢輕易接近宣城中學的地界。

　　我們手持形形色色武器的紅衛兵小將，一開始給對立派別「紅色造反總部」——簡稱「紅總」，我們稱其為「紅腫」，意思是他們的小命都長不了——造成的威脅，還不如給我們自己造成的威脅大。在搶槍後的幾個星期裡，失手走火事件不斷。十四歲的侯黑子，搶到一枝仿蘇製 AK47 全自動衝鋒槍，又搶到子彈，在軍事通訊站門口不遠處就耍弄起來，招來一群小孩圍觀。侯黑子吃力地端起有他身體一大半長的衝鋒槍，瞄準著一個孩子，嘴裡「碰碰」兩聲——他把它當成了玩具槍，旁邊的孩子們也把它當成了玩具槍，可是槍口真的蹦出兩發子彈，一個小孩當場斃命。還不夠成年的侯黑子後來被判了三年勞教，放出來的時候看起來猛然增了二十歲，真是「洞中才一歲，世上已千年」！愛因斯坦的相對論在中華人民共和國的勞改系統裡得到最充分的驗證。

我們倆長長的軍大衣裡，藏著短柄衝鋒槍。槍是美國造，來自於韓戰被繳獲的軍火，然後發給民兵用，被我們搶來。

有兩起走火，就發生在我的近旁。一日我們聚集在宣城中學第二教學樓的教室裡，那兒已經被我們用作睡覺兼值班的場所，幾張雙人床的上下鋪都坐著人，多數人手裡拿著槍。坐在下鋪的白大舌頭——他姓白，長得倒像黑包公——說到激動處，把一桿一九五〇年製的美國半自動卡賓槍往地板上用力一跺，槍托落地之時，一串子彈連發，從坐在上鋪的長得像石頭一樣結實的張墩的兩條大腿根之間直射上天花板。令人不可置信的是，沒傷著獨生子張墩的命根子，卻把他震得幾分鐘站不起來，木在那兒。那種型號的美製卡賓槍最易滑膛，從那天以後沒人敢用它來站崗值勤，半夜三更走火，自己人會跟自己人誤打誤殺起來的。

另一起走火的主兒，便是大肚子。那次搶槍之後，他換了一枝嶄新帶皮套的「五四式」手槍，又多得了幾十發子彈，神氣活現，逢人就炫耀他的槍和他對槍的無與倫比的知識。他的口才極佳，槍法也挺好，說著說著，以動作佐言論，舉槍朝一位聽得入迷的胖女同學腿部隔空輕輕一點。誰也沒有料到這枝手槍是子彈上了膛的——事後大肚子埋怨別人玩弄他的槍把子彈頂上去沒告訴他，其他的人卻推測多半是他自己吹牛吹混了頭忘記槍膛裡有子彈——，那輕輕一點，就在該位胖女同學的腿上部擊穿了一個眼，鮮血湧出，滿屋子人的臉刷白。

手忙腳亂的我們把受傷者抬上擔架，運往蕪湖的大醫院做手術。胖女同學的家是農村的，父母親驚嚇之餘，最擔心的就是女兒會不會落成殘廢，下不了田，做不了重活，也嫁

不了好人家。有一年之久，大肚子都生活在恐懼之中，生怕他必須娶回傷在他槍口之下的胖女同學，養她一輩子。我們旁邊的人倒沒那麼擔憂，因為都看出來那女同學根本看不上大肚子，即使腿治理不痊癒，也未必願意下嫁於他。

造槍

對於我們「臉紫」一派在軍事裝備上大大落後於「紅腫」一派的狀況，絕大部分人的主張是通過搶槍來改變，極少數人的主意是土法上馬、自造槍炮。持後一種想法的小將裡有一位人稱「工程師」，是宣城中學高二的學生。他發起的最重要的軍備工程是三項，我親身參與了一項，親眼目睹了兩項，全都稱得上轟轟烈烈。

我親身參與的那一項是製造硝化甘油，一種比梯恩梯（TNT）猛烈得多的液體炸藥。工程師從一本蘇聯的化學教科書上讀到製造的方法，但他性急，唯讀完前一半，後一半沒讀就拉著我去動手，而後一半是關於安全措施的。我倆在一間單人教師宿舍裡操作，那是一九六八年的初夏的夜晚，小方桌上放了一口直徑約五十釐米的深玻璃缸，是從學校實驗室拿來的。他朝玻璃缸裡緩緩地倒濃硫酸，再倒濃硝酸，讓我拿著玻璃棒攪拌均勻。那本教科書的安全措施一章用粗黑體字告誡——這是我們事後才讀到的——濃硫酸混合濃硝酸的時候，嚴格禁止碰撞。玻璃棒攪拌過程中，不時碰撞到玻璃缸，十幾秒鐘後，玻璃缸裡驟然騰起一柱蘑菇雲狀的液體夾氣體，

直沖而上，碰到天花板後，散落下來，我們的身上火燎燎地灼痛。工程師大叫：「趕快跑！跑，快跑出去！」他一馬當先，我尾隨其後，跑到自來水龍頭下全身沖洗。我離那口玻璃缸近，濺上的化學試劑比他多，圓領衫已經成了一片漁網，右手的食指中指上幾小塊皮肉已經爛掉，能見著裡面白森森的筋骨。醫生告訴我們，濃硫酸混合濃硝酸，叫「鏹水」，俗稱「王水」，連鋼鐵都能腐蝕掉，何況皮肉！抗日戰爭前的中國著名影片《夜半歌聲》，趙丹扮演的男主角的那張嚇壞了眾多小孩的臉，就是傷在仇人的一潑「王水」之下。

從此以後，我就謝絕作工程師的助手。

工程師卻沒有打退堂鼓，他琢磨著怎樣把生鐵鑄造的七、八寸直徑的自來水輸送管改製成土炮，因為我們那座高射機關槍只能嚇人，不能轟人，他擔心我方的革命事業會因此而夭折。試炮那天，正值我們紅衛兵組織開大會；工程師把土炮裡塞進黑色火藥，再填充一些碎鐵鍋片，將一條長板凳翻轉過來權作炮架。為了測出土炮的最遠射程，工程師決定土炮安放在第二教學大樓的二層正中後方，炮口朝向學校南面的空曠蔬菜地。在點燃土炮引信之前，工程師忽然覺得板凳炮架不夠穩，他讓同班好友小何用腳頂住板凳的一頭，再喊幾個小將扶著小何。小何的腳已經頂在那兒了，工程師手上的香菸火已經快碰上引信了，小何腦子裡忽然閃過物理課上老師講的作用力和反作用力原理，把腳抽了回去。

數秒鐘之後，一聲悶雷般的巨響，一團火球從半空飛越校園，緊接著，二層樓上幾聲驚叫。紅衛兵們從開會處跑出

來，只見土炮的炮身把板凳炮架撞碎，在地板上捅了一個窟窿，炮身滾到牆邊，牆壁被砸下一塊。那幾聲驚叫發自小何及身邊的人：他們的腿腳幸虧沒有作炮架的延伸。

工程師的第三個軍備工程屬於高科技，他設計出遙控飛機模型，力圖使模型懸掛炸彈飛行一千至二千公尺，對準敵方的武鬥據點大樓，撞上去引爆。飛機模型遙控飛行已經試驗成功，可惜載重量太小，不足二公斤。這般細小的黑色火藥炸彈，很難對結構堅實的大樓造成有效的破壞；於是工程師就把全部精力用於研製高效固體炸藥，也招到了兩、三名不怕死的助手。大概是在一九六八年的夏秋之交，晚間九、十點鐘的光景，從工程師的實驗室裡，發出沉悶的連環爆炸聲：他們在朝炸彈殼裡裝填火藥的時候，擠壓過緊，一枚炸彈首先從工程師的手掌中開花，引發旁邊的火藥爆炸。萬幸的是實驗室裡的幾枚炸彈都沒有封口，不然他們全都沒命了。工程師本人被炸成一級傷殘（僅次於喪失生活自理能力的特級傷殘），助手們三級傷殘。直到今天，我還記得咱們衝進實驗室裡的情景：滿屋濃煙，昏黃的燈光下，三個人在地上打滾；皮肉燒焦的臭味嗆得人難以透氣，我們手臂中的傷員痛苦地嚎叫，他們的頭和手覆蓋著暗紅的血漿和灰燼。

使槍

延續一年的真槍實彈混戰期間，對方「紅腫」控制著宣城的城北邊和西邊，武鬥大本營設在北門底的發電廠，因為那兒有全城最高的廠房大樓。我方「臉紫」控制著城東邊和南邊，武鬥大本營設在東門的麵粉廠，因為那兒有全城次高的廠房大樓。城中部的十字路口和城周邊的公路線，是雙方拉鋸戰的爭奪之地。居民們夾在兩派之間，提心吊膽，時不時地有無辜民眾傷亡於流彈之下。

我們多了一些武器裝備後，就試著稍稍擴張地盤。宣城俗稱烏龜地，十字路口是烏龜背，又有一棟帶頂四層樓的百貨公司（全城最高的商業建築），和一棟帶頂三層樓的食品商店，戰略地位不言自明。某一日我方得到情報，敵人剛偷偷占據了那棟百貨公司大樓。此事若是真的，後果會很嚴重：他們的火力能居高臨下直接威脅到東門大街的一小半，我方的勢力範圍要向後縮減五、六百公尺。「聯指」的頭頭們急得火燒火燎，大肚子當即請戰，帶領一個小組前去探個真偽。為了表示能獨當一面，他堅決要求此一重任全由小將們完成。領到軍令後，大肚子親手點了五個高中生紅衛兵再加上我；我本不在他的考慮之內，但他沒辦法拒絕我，因為我是他的最親密的戰友（他日後所有的戀愛信都出自我手，雖然沒有一例成了功）。我們六個人都把平日佩帶的手槍留下，換上長槍，只有大肚子例外，長短槍各帶一枝。我的是仿蘇制「五六式」半自動步槍，帶刺刀，槍不重，很易瞄準，可惜子彈太少，

才二十來發。早年國民黨正規軍譏笑共產黨游擊隊是「官比兵多，兵比槍多，槍比子彈多」。我們紅衛兵造反派的境況，也相差不遠。

趁著夜深無人，我們蛇行貓爬，沿著破爛的老民居之間的狹窄巷道和濃臭的污水溝，慢慢地接近了十字街。一貫咋咋呼呼的大肚子，到了關鍵時刻，機警過人。他說咱們不能冒冒失失地去偵探那棟目標百貨公司，如果「紅腫」的人已經占了它，守備部隊一定比咱們這支偵察小組強得多；我們不如先探一探它對面的那棟食品商店。

朝食品商店的後院扔了兩塊小石頭，沒有反應，我們在外面又等了好一會，還是沒動靜，就撬開商店後面的防火門，爬上二樓。那個冬夜的月光很好，照著厚厚的積雪，反射出淡雅的光，我們即使不敢開電燈，也能模糊看到靠近窗口的室內布局和室外的大物件。隔著寬寬的十字街，那棟百貨公司大樓裡卻是黑洞洞的一片。我近視，當然看不出什麼異樣，兩位眼睛敏銳的戰友——其中一位是差點當了土炮炮架延伸物的小何，以後他成為空軍飛行教官，眼力端地是好——隱約瞧見百貨大樓裡有煙頭的火星閃爍。大肚子腦筋一轉，從窗戶上卸下一塊玻璃，自己貓縮在窗沿底下，背靠牆壁，舉起玻璃的一半，朝百貨大樓那面晃動。玻璃把月光反射到對面，微弱的一團銀白色，那裡面立刻就有了動靜：一管機關槍從百貨大樓窗口伸出來。好了，證實了！大肚子派一個自稱「齊天大聖」、長跑特棒的紅衛兵馬上趕回「聯指」大本營去報告，並說這棟食品商店樓不能再給敵人占領了，我們紅衛兵偵察

小組一定在這兒堅持到援兵上來，人在樓在。

　　這食品商店樓的二層有兩個樓梯口，一個被辦公桌椅堵死。「齊天大聖」一走，我們剩下的六個人就各守一個方向，大肚子中央調度，兼顧四面。我們主要防守在幾個大窗戶旁，從那裡可以眼觀各處。等了兩個鐘頭，大本營還沒有派增援隊伍上來，我們又飢又乏又提心吊膽。大肚子自己的菸癮也上來了，不敢抽，怕給對方發現。我們也都勸他忍忍，天亮後再抽就不怕火光被敵人看見了。

　　可是肚子餓的問題卻不能再等待！食品商店樓的二層是辦公室，地面一層才是零售櫃檯。要弄到吃的，必須到下面去找。我和一個姓程的中學前平衡木冠軍餓得最熬不住，就從樓梯摸下去。下面的幾扇厚重大門都封得嚴嚴實實，並沒有透光的窗口，我倆又不敢開燈，像作賊一樣順著玻璃櫃檯東摸摸，西捏捏。絕大多數的櫃檯裡都是空空蕩蕩，摸了好一陣，手才觸到一格櫃檯裡剩有的一袋物品，我倆喜出望外，抓過來，再摸索。黑暗之中，「匡朗朗朗……」一串響，櫃檯裡一只空搪瓷盤子被我們弄翻，滾動下地來。

　　這一串響，在那戰時狀態的萬籟俱寂的冬日的凌晨，真是空谷長嘯，餘音不絕。突然間，對面百貨大樓厲聲喝問：「食品店裡有人，幹什麼的？快出來！」我們哪敢吱聲，縮手縮腳往樓上退。對方連喝問幾聲，都不得回音，「啪啪」朝我們樓下打了兩槍，子彈射穿厚木門，悶聲悶響。大肚子憋到現在，一肚子火，倚著窗口斜角，回了一槍。這下子等於互報名號

了，對面的機槍毫不遲疑地掃過來一個連發，把一扇窗戶的兩頁玻璃給掀了。

我們可憐，既無機槍，又少子彈，跟對方較不起量來。但年少好勝且好奇，給人白白打槍，不甘心；分吃著我和程前冠軍從樓底下搜索到的那袋子東西——提到樓上才看清是冰糖冬瓜條，大家尋思該怎麼辦。大肚子說天已經濛濛亮了，玻璃能發揮點新作用了。我們分了工，槍法次的兩個人（當然包括唯一戴著眼鏡的我）學大肚子那樣，輪番舉玻璃；槍法好的人伏在窗口角落，瞄準對面百貨大樓的窗戶。玻璃一舉，一片白光閃出，對方就掃過來幾槍，咱們的槍手便乘機回擊一槍。我們覺得這是好戰術：誘敵人伸出頭，好打；引敵人多開槍，耗他們的彈藥；與對方磨時間，等我們的增援部隊上來。

後兩個目的多少達到了，特別是最後一個，要是我們老不開槍，「紅腫」的人一定會大搖大擺地過來搜索。第一個目標卻沒有什麼進展，咱們的那幾個槍手，武藝實屬平平，還擊的槍彈，最佳的也就是擊中對面大樓的玻璃窗上，玻璃打碎咱好歹能聽得見，就是沒聽見人中槍的號叫聲。

我們六條好漢就這麼守著，直到第二天中午，都不敢下樓去，因為食品商店一層臨街的那面只有幾根水泥柱，大部分是厚木板的門面，擋不了機槍掃射的。咱們六個小將的子彈加起來也不足三百發，吝嗇地零零星星地向對方射擊著，只求唬住他們不要穿過十字街衝到我們樓下。這期間把我嚇

得不輕巧的,是大肚子要替換我,舉一舉玻璃挑逗敵人;他一米八十的個子,稍不留心,玻璃舉得太高,給對方一梭子機槍掃過來,正中他手裡的玻璃,擊得粉碎,碎片彈到我倆的臉上,細小的血珠絲絲的滾下來,我們爬在樓板上,老實了很多。直到第二天午飯時刻,「聯指」大本營派遣的增援隊才攜帶兩挺輕機槍到來,把我們給換了回去。他們好幾個是退伍軍人,一副對槍林彈雨滿不在乎的神情;他們最受不了的,倒是我們在樓板上留下的濃烈尿味:我們怕下樓挨上槍子兒,將小便全放射在樓板上了。

在我們那兒的武鬥歲月裡,血淋淋的豪言多半是紅衛兵小將說出來的,血淋淋的壯舉卻多半不是他們做出來的。在武鬥全過程中,工人叔叔們都護著小將,廝殺的時候衝在前頭,撤退的時候殿在後頭。

宣城的幾場惡戰,我們一派的生力軍是碼頭工人。數百年來,碼頭工人掙一口飯吃,靠的就是力氣、勇氣和義氣。他們的基本工具,是一輛雙輪人力板車,裝滿了貨物,足有千把公斤。上貨卸貨,憑的是一副肩膀;拉車推車,憑的是一雙手臂。你要想像他們的體魄,看看長江三峽背縴船伕的老照片,就差不離了。

碼頭上的活,太弱了,是搶不到手的,為了護地盤,打架是常有的事。一人對一人的架要打,一人對一群的架也得打。打得吐血,從板車扶把上解下酒壺,仰首喝幾大口,再打。對手喝這護氣止血酒的時候,任你是生死仇敵,也不能出手

相擊，一直要等到他把酒壺掛回車把，抹抹嘴，才能再接著打。打傷打死，雙方都不報案，認了。自幼在江邊長大的我，路上遇到肩頭搭著腰帶、手裡提著酒壺的碼頭工人，會閃過一旁，心存敬意，為他讓道。

武鬥一啟，碼頭工人的「鋼筋鐵骨戰鬥隊」全都加入了我們一派，建築工人的「銅牆鐵壁戰鬥隊」則加入了對方派；生死相搏，乃由他們承擔。兩派的戰鬥，均有實戰經驗豐富的退伍軍官幕後策劃指揮；我們這方的軍師是在朝鮮戰場上跟美國兵打過死戰的一名黃團長，對方的軍師是抗日戰爭中的一位戰鬥英雄營長，旗鼓相當。

那年（一九六九）開初，我方的突擊隊趁對方元宵節過小年的時候，半夜裡摸到他們的大本營附近，橫掃了一通機關槍，轟了幾發迫擊炮，把他們打了個措手不及，還綁架回來兩個俘虜，得到對方的一些軍事機密。「紅腫」頭頭為此大為光火，精心設計了一套謀略。他們先是發送一支車隊，帆布車篷包裝嚴密，接著派一個兩面奸細暗中透風，說那支車隊運送的是一批軍火。我方最缺武器彈藥，得此情報，頗為心動，派出兩個排的兵力七十多人，攜帶兩挺輕機槍，每人配備全自動和半自動衝鋒槍，從東門穿過幾條曲折小道，直插城西邊的公路口。

我和其他三位紅衛兵戰友乘風登上鰲峰頂。右邊是我親筆書毛澤東詩句「踏遍青山人未老」，時為 1969 年春天。

　　對方的生力軍早已沿途埋伏，兵員、武器、彈藥都多過我方幾倍。一場惡戰，他們傷了三、四個；我方拖回來八具屍體，輕重傷員十多名，死傷的都是「鋼筋鐵骨戰鬥隊」的碼頭工人。一輛輛半新不舊的板車上──那是他們生前賴以養家餬口的夥伴──躺著滿身彈孔的工人叔叔，他們就是不再呼吸了，也像水泥雕塑那樣威風不減。失去丈夫的嬸嬸們攜著半大不大的一群孩子，在寒風中吼叫；這些婦女多年相伴丈夫勞作於強者才能生存的碼頭，在刀口上添飯吃，養就一副粗放剛烈不認命的豪氣，哀哭不出幾聲，落不下幾滴淚，只嚷著要親手復仇。在空曠的庫房裡，遺體供戰友們憑弔了三日，那幾天我用毛筆寫輓聯寫到手腕紅腫。出殯那天，領頭的是十六人持執的「聯指」巨幅戰旗；接著是八部卡車，每部載一架三公尺高的花圈（皆是鋼筋焊接而成，花也是鐵的）和一具棺材。接著是三百名「鋼筋鐵骨戰鬥隊」的碼頭工人，每人右手執一柄粗木棍──那是他們日常勞作搬運重物時支撐板車的槓桿，左手挽白色粗布腰帶。他們以數百年不變的行頭，護送著亡友。冽冽寒風中，眾人均是粗布襤褸單衣，隱約露出古銅色的肌體；那場景，令我宛然重見秦末田橫五百壯士。

文盲和半文盲的「持不同政見者」

一提起「持不同政見者」，人們──尤其是在中華人民共和國黨政部門當領導的人們──立刻想到的會是讀書人，特別是讀過西方書籍報刊的知識分子。因為按照常理推論，書讀得愈多，人的腦筋愈自由開放，思想就愈會滋長出批判的能力。經常閱讀西方書籍報刊的知識分子，更容易受到異端邪說的影響，不信任中共官方的宣傳，乃至抨擊黨和政府及其領導人。我的切身經驗，卻大大不符合上述似乎已經成為普遍定見的觀念。我最早遇到的兩位持不同政見者，都不是知識分子。

農家姐姐和江大哥

一九六三年仲夏，我從安徽省宣城一個鎮上的初級小學，到百多里以外的金寶圩水鄉去度暑假。我住在一位親戚家（成分「下中農」，屬「紅五類」），大部分時間做假期功課，偶爾也幫忙做一點小孩子力所能及的農事。一天晚間，我念完功課，上床入睡前去茅房大解。江南水鄉農家的茅房，通常與主屋之間隔開一段路，以免臭氣相襲。我害怕黑夜裡一人單行，就央求親戚家的姐姐提著馬燈送我去茅房。

　　這位農姐約莫十八九歲，從未上過學校，好奇地問我成天念的是些什麼書？我說很多課本和課外閱讀書籍都是歌頌毛主席的，有關於毛主席青少年時代的故事，有毛主席帶領工農鬧革命的故事，有毛主席的親切教導，等等。我愈說，這位農家姐姐的臉色就愈是陰沉。待到我第四次提及「毛主席」三字時，她竟勃然大怒，脫口而出：「什麼毛主席，比茅缸板還臭！害得我們飯都沒得吃！」於是她就列數毛老頭子的政策怎麼壞，毛老頭子手下的農村幹部怎麼凶，鄉下前幾年餓死了多少人，等等。她直呼偉大領袖為「毛老頭子」，最後警告我說：「你以後要是再當著我的面喊『毛主席』，晚上我就再也不送你去茅房，讓路上的野狗野貓把你拖走！」她手提著馬燈，照著我的臉，站在那裡，滿面凝結著憎恨。直到今天我都能回憶起當時我所站立的那個位置：右邊遠處是農田和稀疏的小樹林，近處是一尊半截埋在地下的土地神小石像，左邊幾尺開外就是深幽幽的河溝。這裡的河溝又深又寬，兩岸罕見農舍，陰森森的。老人們說，不遠的河溝拐彎的地方，便是數百年來「沉豬籠」[1]的所在。

　　那一夜，我躺在竹編的涼席上，翻來覆去久久難以闔眼。自幼年起從課本上讀到的、課堂上老師所教誨的、從廣播裡聽到的、少年兒童報刊上所灌輸的，一時都在我的腦海裡搖晃起來。從來被我當作天經地義而接受的官方教育，這時開

---

1. 此地的民風：假若已婚的女子與他人通姦，被村民現場捉到雙方，就扒光他和她的衣服，赤條條地捆綁起來，放進兩只竹編的豬籠，由男女雙方直系親屬各出一人，親手執行將豬籠同時沉入水底的刑罰。這種私刑在當地由明朝至少延續到一九五〇年代後期。我們幼小時，模模糊糊地知道誰家的媳婦或誰家的兒子曾經被「沉豬籠」了。

始拖上了長長的問號。雖然在很多年裡，我都不敢把那位農家姐姐的話說給別人聽，然而自從那以後，每當讀到或聽到「毛主席是勞動人民的大救星」之類的話，我心裡立刻就會有條件式的反射：「是真的嗎？」

　　早年我遇見的另一位持不同政見者，是當知識青年的時候結識的一位同村農民朋友江大哥。一九七○年春節期間我倆去鄰近的江蘇省高淳縣的縣城趕集買菸酒，沿途三十多里，到處見到河堤上紅旗招展，標語林立，農民結隊挑圩（即擔土修河堤）。這位三十多歲識得一些字的農民感慨地對我說：「有些話說出來，要倒楣的。解放後我們貧下中農過的日子，真不如解放前。在舊社會，我們家的長輩給地主打長工短工，平時很累，不過從臘月中到正月底，東家是不會要他們幹活的，讓他們自由自在過一個年。現在共產黨領導，一直要我們幹到臘月二十九。大年初二剛一過，正

下放農村之前，在宣城中學對面的「革命烈士公園」留影，當時還不清楚往後的日子如何。

月初三就要出來挑圩翻地。一年忙到頭，不給我們一點自由，連大年春節也不讓好好過，真作孽！」已經在農村幹了將近兩年活的我，知道他說的全是實話，一點兒沒誇張。

　　我插隊下放的那個村子，沒有一個地主，階級成分最高的是「上中農」[2]，所以平時階級鬥爭氣氛不濃，村民們與我

---

2. 階級成分越高政治地位越低，因為越屬於「剝削階級」，主要為地主、富農。「上中農」屬於中間階層。

們下放知識青年的關係比較和睦，私下裡敢講一些實情真話。這個村子在一九五九年初大饑荒之前，人口是一百二十多人。三年饑荒下來，少了將近一半。你和村民們在一起聊天，海闊天空，胡說八道，葷素皆可，就是不能提及那三年饑荒的日子──當地人稱作「餓飯」或「過糧食關」；「關」者，生死之關、鬼門關也。村子裡幾乎每家每戶都有餓死的，還有少數家庭有成員外出逃荒的，可是再也沒有回來過，多半是餓斃在路上了。我的大姨父（母親的姐夫）就是這麼失蹤的；有人說在百多里外的一個渡口邊的路上見到過他的屍體，但從來沒有人去找他，因為走不動。

一九七〇年左右我們在那裡當「知青」，白天與村民們一起下田幹活，晚飯後與他們一起在生產隊公屋裡政治學習。我們圍坐在昏黃的馬燈旁邊，小和尚念經有口無心地重複著「毛主席的諄諄教導」（農民常把這念成「哼哼教導」）和「黨中央的英明指示」，期間一項重要的儀式就是逢年過節「憶苦思甜」的活動。為著讓農民們身心一體地感受「舊社會的苦」，大隊和公社的幹部們會組織人製作豬狗食一般的「憶苦飯」，讓每個人吃一份。在我們那個地區，憶苦飯通常是用榆樹葉、稻糠皮和山芋（紅薯）粉下腳料製成的飯糰。男女老少，每人一份，吞嚥下去。

飯糰又苦又澀又磨牙，嚥到喉嚨半途，很多人吞不下去，又不敢吐出來──吐出來是「階級感情有問題」，說明你忘本了，背叛了勞動人民！每每有這種情況：你身邊年紀很大的農家伯伯和婆婆，會很順暢地吞嚥下他們自己的那一份，然

後主動地為你代勞，把你咬了一口嚥不下去的大半份吃掉。用他們的話來說：「這東西難吃，不過吃不死人。餓飯的那陣子，要是有這個吃，就算你有福氣了。」

　　過糧食關的那陣子，公家倉庫裡其實有糧，但上面不許開倉，一開倉就會影響本地黨政領導的政治表現。有的農民餓得實在受不了，半夜裡到田裡去偷割還沒有成熟的莊稼，偷到的東西必須在第二天天亮之前塞進肚子（這在當地叫「偷青」），不然就會給抓到。但這難不倒特別能幹的幹部。我們鄰村賈堤的生產隊長老賈，便是這類幹部的出色代表。一九六四年以後，他從來不敢路過他曾經當過大隊書記的那片地方。過糧食關的年代，賈書記要是發現了哪片田裡有「偷青」，會挨家挨戶查看人家的糞便。那個年頭農民的糞便都不怎麼臭，因為吃進去的東西沒有營養。如果誰家的便坑比較臭，糞便顏色不一樣，他就成了嫌疑犯。把他捆到大隊部，吊在屋梁上，賈書記就會讓人用毛竹筒打，一直打到招供。賈書記自己很少親自動手，用他的話來說，就是「要充分發動群眾教育群眾」。他用口糧作刺激，打人有方、很快就把口供打出來的打手，能多分到一點糧食。為著給自己家的人多掙一口吃的，本鄉本土的農民，有時能把同村的活活打死。那一帶的農民在「文革」初期幾次企圖把老賈綁架了去沉入大糞坑（這種巨型糞坑能淹得死一頭黃牛），都沒得逞。賈埠一村都是老賈的本家，護著他，他還做著生產隊長，「文革」中間也當上了「學大寨先進分子」，紅得很 [3]。

────────────

3. 當地農民說，老賈一解放就開始當幹部，捆人打人上了癮。我們好歹見識到了一次。老賈那個村裡來了幾個蕪湖市下放女知青，她們的三個同班男同學也下放在不遠處的新村生產隊。偶爾，男同學會過去看看女同學。這就惹惱了老賈──他一廂情願地希望他弟弟和侄兒們能娶上這幾個城裡來的姑娘做老婆，同班男女同學之間並不

　　我們那兒農村幹部極為擔心的，就是貧下中農老大伯老大娘憶苦思甜的時候偶爾「走火」。有一次鄰邊大隊春節時召開憶苦大會，幾千農民坐在下面，請一位七十多歲的老婆婆「控訴萬惡的舊社會」。老婆婆一個大字不識，面對這麼多人，不知所措。大隊黨支部書記安慰她說：「你老人家就揀你一輩子受過的最大的苦說說，就像談家常一樣，有什麼說什麼。」老婆婆講了幾句開場白，講不下去了，因為她能夠重複的政治套語，就只有那麼不甚完整的幾句。冷場了兩三分鐘後，老婆婆眼淚出來了，掏出黑舊的手帕，擦著涕淚：「我活了這麼一大把年紀，吃苦最多的，就是那幾年餓飯。」於是她家裡的幾口人是怎麼餓死的，村裡的人是怎麼餓死的，怎麼樣地吃光了樹皮草根後吃觀音土[4]，觀音土吃下去後墜斷了腸子，也是死去……。老婆婆在台上泣不成聲，農民們在台下垂首流淚，主持「憶苦大會」的大隊書記急得把老婆婆往下直拉，不讓她繼續說下去。

　　我二姨媽的村子在金寶圩四個公社之一的另外一個公社裡，距離我插隊的村子有近二十公里。那裡的農民家裡餓死人，開始的時候還有人把死屍用草席裹一裹拖出去埋掉。後

　　經常的相互走動，在他眼裡也是個大威脅。一天傍晚，他看見那三個男同學到女知青住處來串門，就喝令本家的子弟將男知青們捆綁吊起來，用毛竹扁擔痛打，一直打到他們立下保證書，再也不來賈村走動，老賈這才放了他們。這三位男知青為此上訴了兩、三年，毫無結果。老賈根本就不把這當回事：「你告我？你連我雞巴都扳不倒。黨組織相信我！」

4. 觀音土是一種白色的很細膩的泥土，據說是古時候有一年大災，觀音老母從天上飛過，看到人間的慘景，於是拉下糞便，以拯救水深火熱之中的饑民。我的外祖母──她也是死於一九六〇年代的饑荒──吃過多次。我小時候嘗過一點點，沒有特別的怪味道，但吞嚥時磨得喉嚨難受。

來人死的越來越多，活著的人也餓得只剩下半口氣，就管不
上死的人了。屍體放在床上，老鼠跑過來啃手指腳趾，活著
的家人想站起來趕走牠，掙扎了幾下爬不起來，老鼠也就不
怕活人了。不但啃手指咬腳趾，還跑到死人臉上用爪子掏出
眼珠來吃。活著的家人看著看著淌下了眼淚，然後乾脆閉上
眼睛；他們曉得，用不著幾天，他們自己的屍體也會落到同
樣的下場。

　　我們那兒的老農說，在他們的一生裡，在他們從祖輩父
輩口中聽來的「幾個朝代的事情裡」，還沒有哪一朝哪一代，
像「毛主席當皇帝的那幾年餓飯餓得那麼狠」[5]。

無學歷者無畏

　　「文革」以前的那幾年，毛主義的極端政治對中國大陸社
會的嚴密箝制，已經使得我們周圍能夠接觸到的知識分子，
噤若寒蟬。「文革」中間，雖然紅衛兵有一些牢騷怪話，但多
半是針對著江青等人。即使是那些激進的革命造反派的油印
小報，在挑戰毛澤東的路線和政策時，也都是用厚厚的馬列
主義毛主席語錄遮掩著，亦即中文所謂的「打著紅旗反紅旗」，
或者西文所謂的「戴著白手套式的挑戰」。像我所聽到的那位
農家姐姐、農民江大哥和村裡老農憶苦思甜的言論，那般直
接明瞭，矛頭對準毛澤東本人和共產黨的領導，真是平地霹

---

5. 近來有一篇文章，相當具體地揭露了 1959-1961 年期間安徽西北部
　「人相食」的慘狀，見陸平，〈安徽亳縣大饑荒人吃人實錄〉，香
　港《開放雜誌》，2003 年 10 月號，頁 65-68。文章中描述的一些類
　似的細節，我在皖南農村的老人那裡，也曾聽說過。其中最震撼我
　的，是吃了人肉的人，心理上終究受不了，有的發了瘋，有的投河
　自盡。

霹,振聲發聵!而且,他們的批評有根據、有比較,由具體
事實引發出普遍結論,具備獨立政治見解的基本要素。

自從那以後,每當我讀到聽到新出版的有關中國的政治
理論,都會聯想起當年那幾位農民平樸直言給我的啟發,努
力把複雜的理論先拉回到地面上,與普通人日常生活的堅實
經驗相對照。我的信條是:愈是憑著玄虛的術語、抽象的推理、
美妙的承諾在高空飛翔的理論,愈是有必要迫使它與平實的
經驗直面相視。

譬如,近幾年來,中國和海外的有些文章宣稱在毛澤東
的著作裡或是找到了搞好市場經濟的指示,或是挖掘出實現
民主政治的真諦,等等。每碰到這類美妙的「理論新發現」,
我總是想懇切地奉勸它們的作者:任何人讀毛主義的著作,
若不核對毛主義的實際,是極容易走火入魔的,比中共官方
媒體上所描繪的練法輪功要危險得多。對毛澤東的倡導,你
怎麼看都可以,就是不能照著它去做。因為毛澤東本人從來
就沒有打算承受實施自己倡導的政策所引致的後果。這類後
果不論是多麼地可怖,他都瀟灑地置身其外,誘使或者迫使
別人去承受。你若不相信,讀讀下面的事實。

「文革」中的稿費

自從「文革」一啟動,文化人就成為反覆打擊目標的首選。
根據源於毛澤東思想的文化革命理論,文化人的主要罪過之
一是「不勞而獲」,成為「剝削勞動人民的寄生蟲」。主要證

據便是他們既定期領工資，又拿稿費。於是全面廢除稿費制度，便成為「文革」的首批輝煌成果之一。

那些名聲很大的文化人，更是被戴上「三名三高」——其中之一是「名作家，高稿費」——的超級帽子。全中國大陸有無數的文字工作者，因為曾經拿過稿費而被批鬥、遊街、毒打乃至喪命，他們的稿費存款被凍結被沒收。這其中眾人所熟知者包括巴金，他從他的文集收取的稿費截至一九六六年初，是十五萬元人民幣，楊沫從《青春之歌》收取的稿費是十萬元[6]。我們——「文革」中的紅衛兵造反派和受害者雙方——都以為，文化大革命這下子可把稿費制度的「命」給徹底「革」掉了。

直到毛澤東告別這個世界後，中國人民才斷斷續續地獲悉，偉大領袖在稿費這件事上，又「幽」了他們一「默」。最早是在中共官方印發的《揭發批判「四人幫」》的材料裡，人們讀到：江青經常向毛澤東索要稿費；要不到或者要少了就鬧事。但這批官方材料語焉不詳，不清楚這些稿費是何時來自何方，何等數量。

根據披露這個事實細節最早之一的中國大陸出版物的描述，除了工資以外，毛澤東有大筆稿費收入。在二十世紀五〇年代後期，他自一九四九年十月起稿費累計已經達到人民幣一百萬元[7]。附註：在那個年代，中國大陸城鎮「職工」

---

6. 參見周雲夫，〈也談毛澤東的稿費〉，香港《開放雜誌》，1999 年 1 月號，頁 99。

7. 邱小龍、呂鵬、武健宏編，《人生啟示錄：中國大悲劇中的人物》（北京：中國人民大學出版社，1993 年 9 月第一版），頁 9。筆者在此得益於署名「根源」的〈有關毛澤東鉅額稿費的一些其他佐證資料〉，《新語絲》（www.xys.org），2002 年 8 月 17 日。

（對所有類型的職員、幹部、科教人員和工人的統稱）平均每人每年的總工資收入為六百二十四元人民幣，全國城鄉平均每人的儲蓄存款額為五元四角四分[8]。毛澤東這幾年的稿費總收入，相當於一千六百名職工全年工資的總和，或者相當於十八萬多個普通公民的儲蓄總和。毛澤東的故鄉「韶山毛澤東同志紀念館」提供的影印件，披露了更具體的細節。這份影印件是一張一九六〇年度的「毛主席稿費清單」，列出這一年裡他共收入稿費二十三萬七千四百零四元九角三分，收入利息一萬四千九百八十六元二角四分。這時候毛澤東的工資是每月四百零四元八角[9]。換言之，這一年裡毛澤東的稿費加利息收入，是他正式工資的五十二倍。不要忘記我們剛剛說到的，一九六〇年是「三年大饑荒」最嚴重的一年；到這年的年底，全中華人民共和國因饑荒而死亡的總人數估計達二千萬至四千萬之間[10]。震懾於中國歷史上人為政策造成的最廣泛的饑荒之可怕的後果，劉少奇斗膽直諫毛澤東：「人相食，要上

---

8. 薛暮橋、馬洪、孫尚清編：《中國經濟年鑒》（北京：中國經濟年鑒社，1994 年 12 月第一版），頁 855。

9. 《毛澤東遺物事典》（北京：紅旗出版社，1996 年 11 月第一版），頁 531-533；王彬彬，《為批評正名》（北京：時代文藝出版社，2000 年 9 月第一版），頁 47-48。

10. 參見 Penny Kane, Famine in China, 1959-1961. *Demographic and Social Implications*（London: The Macmillan Press, 1988). 中譯本有彭尼・凱恩，《中國的大饑荒，1959-1961》（北京：中國社會科學出版社，1993 年 12 月第一版）。綜合性的資料評論參見陳永發：《中國共產革命七十年》修訂版（下），頁 752-753（台北：聯經出版公司，2001 年 8 月第二版）。相關出版物的書評見龔啟聖，〈近年來之一九五八—六一年中國大饑荒起因研究的綜述〉（香港《二十一世紀》雙月刊，1998 年 8 月號），頁 14-21。

11. 劉源，〈對第二任國家主席劉少奇的政治評判：忠直坦蕩昭日月〉，收入《你所不知道的劉少奇》（開封：河南人民出版社，2000 年 1 月第一版），頁 73。

書的！」[11] 意思是歷史也許會忘記我們幹過的別的可怕事情，但不會忘記這一幕。附註：毛澤東這一年的工資外稿費收入，可以購買官價糧近三百九十萬斤（每斤六分五釐人民幣）；按政府配給制，城市成年人口每月二十八斤糧（我們那兒小鎮上只有二十四斤），這些糧食可供一萬一千五百人吃一年。

　　二○○二年七月中旬，中共中央黨史研究室和中央直屬機關黨委，就《毛澤東選集》新版的稿費和它的外文版的版權費是否要納稅的事項，向國務院請示，才使「文革」期間及其後毛澤東稿費的情況得以進一步公開。在十年「文革」期間，《毛澤東選集》（四卷本）共發行三億七千四百五十八萬套，《毛澤東文選》共發行二億五千二百五十萬套，《毛澤東詩詞》共發行八千五百七十萬套。這些尊稱為「紅寶書」的出版品的絕大多數，都是由公款「請來」（即購買來），贈送給個人。但是這一套政治宗教的公開儀式，並不排斥背後的金錢算計。一九六七年三月，國務院提出毛澤東稿費的計算標準（以每冊售價為基準；那時中國大陸書籍的價格，很少有超過每冊一元的）：《毛澤東選集》每套一角人民幣，《毛澤東文選》每冊二分五釐，《毛澤東詩詞》每本三分（後調高到五分）。林彪、康生、江青等人發話：毛主席思想「是無價之寶。現擬定的稿酬，是否不適當」，應提高幾倍。最後該建議送呈毛澤東本人審閱。毛批示：還是以過去的標準為宜。所以，按照國務院提出的和毛本人批准的上述稿費標準，「文革」十年期間，毛澤東的稿費收入至少達四千八百萬元人民幣之巨[12]。

---

12. 程再思，〈毛澤東稿酬天文數字〉，《新語絲》（www.xys.org），
　　2002 年 8 月 17 日。

　　這是全中華人民共和國唯一的一位在十年「文革」期間領取稿費者；所有其他在這之前出版過書籍的文化人，這時都在他的政策之下被迫地或主動地拋棄他們的稿費存款，並為他們過去領取稿費的罪惡行徑而受懲罰。我在前面說過：「對毛澤東的倡導，你怎麼看都可以，就是不能認真的照著它去做。因為毛澤東本人從來就沒有打算承受實施自己倡導的政策所引致的後果。這類後果不論是多麼的可怖，他都瀟灑地置身其外，誘使或者迫使別人去承受。」我這段話，真正是對毛澤東思想和實踐認真學習的心得體會。

補記

　　在一個關於「文革」的小型討論會上，我簡要的作了以上關於毛澤東思想和毛澤東實踐的發言。幾個星期以後，曾經參加過這次討論會的一位洋人學者朋友，給我轉發來一篇編譯自德文資料的英文報導，並且附言：「你所描繪的毛主席的言行狀況，並非只是中華人民共和國才有；第三帝國元首在金錢上的言行，足資對照。」這篇英文報導的標題是：「希特勒看來熱愛金錢，死時留下鉅額財產。」[13] 它介紹的是二〇〇二年八月底上演的一部新紀錄片《希特勒的金錢》，導演 Ingo Helm，一九五五年出生的德國新聞工作者，青少年時代接觸過大量有關第三帝國的資訊。他承認，不知不覺中也「受了希特勒宣傳的影響，我先前把他看作一個毫不利己的人。我早知

---

13. Steven Erlanger, "Hitler, It seems, Loved Money and Died Rich.", *The New York Times*, August 8, 2002.

道他是一個『政治意義上和人道意義上的』罪犯。但是，當近來了解到他很有錢的事實，這真令我吃驚。」希特勒的財富絕大部分來自稿費收入——他的《我的奮鬥》一書發行量是如此之高，因為在他作為德國元首期間，任何一對德國男女結婚，他們所在的社區都要購買一冊《我的奮鬥》贈送。元首本人從這本書上收穫的稿費高達七百八十萬帝國馬克（reichsmark）；每帝國馬克約相當於今天的五至八美元。

除此之外，希特勒的標準像——元首的掛像無所不在——也是受版權法保護的，這包括郵票上的頭像。希特勒的私人朋友和攝影師 Heinrich Hoffmann，是被指定的唯一的版權費受益人。德國的法律原先規定版權有效期為十年，但希特勒親手把自己標準像的版權有效期改為二十五年。Ingo Helm 說，他懷疑希特勒暗中與他的攝影師分享著這一鉅額收入。

以上這篇報導介紹的那部紀錄片，極有可能是基於一九九八年德國出版的一部同名歷史著作。台灣「中央社」記者歐俊麟於該年十月十七日從倫敦發出的專電〈德國歷史家稱希特勒不愛財是納粹神話〉，對此書有譯介：

> 多年來常有人認為不管希特勒曾為世界帶來何等災難，至少他還有個好處：就是他生活簡樸，不腐敗，不像他的納粹同黨善於斂聚；現在一位德國歷史專家卻說：這其實只是納粹黨的神話。

> 德國專家史華茲華勒在他出版的《希特勒的金錢》這本新書裡指出，在納粹宣傳機器的運作之下，希特勒成功的

塑造了一個生活簡單，一心只想統治世界，而無暇追求個
人財富的形象。但是，這位歷史家根據他的研究，希特勒
善於聚斂，不但迷戀金錢，甚至在未得勢之前經常為了逃
稅而與稅務人員爭執。

史華茲華勒也透露，當年沒有如願成為藝術家的希特
勒，經由巧取豪奪個人至少擁有一萬件的繪畫和其他藝術
品。而且直到他自殺身亡之時，他都還在抽取他的自傳
《我的奮鬥》一書的豐厚版稅⋯⋯。

根據他找到的資料，史華茲華勒說，單是《我的奮鬥》
一書便使希特勒成了百萬富翁。此外，每次他的照片和肖
像出現在郵票上時，他也都抽取了相當可觀的收益。他估
計，在第三帝國當權的十二年裡，希特勒從一些工商巨頭
得到的入帳每年就大約近一億馬克。這些錢都進到了希特
勒的特別帳戶，而由他的副手馬丁鮑曼負責管理。

把二十世紀三〇年代至四〇年代的德國，與二十世紀六
〇年代至七〇年代的中國相比，一方面我們可以發現驚人的
相似，另一方面也可以發現一個重大的區別：由自己的著作
收取鉅額稿費的希特勒，並沒有把稿費制度本身作為一項「剝
削罪行」而全面的廢除，但是毛澤東卻徹底革命到了這一步。
換言之，在希特勒收取天文數字的稿費的同時，其他的德國
文字工作者也能夠合法地收取不等水平的稿費。而在毛澤東
收取天文數字稿費的同時，其他的中國文字工作者，不僅無
法收取稿費，而且他們連拿回自己過去的稿費和收取當下稿

費的念頭都被定義為「罪大惡極」──當時官方的宣傳口號是「要鬥私批修」、「狠鬥私字一閃念」。

那位德國元首的政治手段，比較起咱們中國領袖的手段，還是顯得嫩生了些。

春節前夕憶老包

　　雖然正值農曆新年（一九九一年春）期間，心中卻總是有幾分抑鬱不歡。一尋思，畢竟有因。幾天前讀到《聯合報》和《世界日報》上刊登的消息，說中國司法部門趁中東海灣大戰炮火連天，趕緊審判自一九八九年六月以來就被拘捕在獄的「八九民運」知名骨幹分子。連同王丹、任畹町等人一起，包遵信也被判刑。「北京中級人民法院」的宣判書上說：包遵信「罪行嚴重，有悔改表現，從輕判處五年徒刑，剝奪政治權利二年」。

　　這裡我得要插一句，在中華人民共和國裡，有那麼多莊嚴的機構和物事，均冠以「人民」二字，比如「人民法院」、「人民法庭」、「人民代表大會」、「人民大會堂」、「人民警察」、「人民解放軍」、「人民鐵路」、「人民銀行」、「人民幣」、「人民醫院」、「人民郵政」、「人民日報」、「人民出版社」、「人民政府」、「人民檢察院」、「人民審判員」、「人民武裝部」、「人民政治協商會議」等等，等等。凡是這些冠以「人民」二字的莊嚴機構和物事，其組織和運作，均非中國人民可以置喙和參與。我早先以為這體現了毛澤東的政治智慧和幽默，因為他最喜歡在關鍵的問題上講反話，弄得國內外的同志和敵人們均不知所措。日後我到蘇聯東歐北朝鮮等地做研究，才發

現我在這一點上高估了毛澤東的原創力。所有這些我去做研究的國家，都普遍有在名稱和頭銜上無限慷慨地使用「人民」二字的傾向。所以一九八九年春天在東德的大城市 Leipzig，當人民群眾要求對他們的「人民政府」之組成表達意見而被斷然拒絕的時候，他們上街遊行舉著這麼一條大標語──「我們就是人民！」（Wir sind das Volk!）

話說回來，相比較於其他的知名民運人士，老包被捕的確實消息，很晚才傳到海外。「六四事件」之後，與中國內地的諸種通訊一度中斷，隨之在海外報刊上經常看到未經證實的種種傳聞，這個被捕，那個被殺。過了一段時間，有些已經「被捕」或「被殺」的人又逃跑了出來。這麼幾次反反覆覆，海外的人也就對所有有關民運人士被捕和傷亡的消息抱著不敢過於輕信的態度。讀著別人逃難出來的報導，我心中總是祈禱：但願下一次老包也在這幫不幸而又萬幸的成功逃難者中間，突然出現在巴黎或者舊金山。

可是畢竟沒有。

在這期間與「六四事件」後逃難出來的原先就認識的朋友們聊天，談起老包，有人就寬慰咱們說：「他也許沒給抓到。老包長得像農民，躲到鄉村荒野，一點都不像個知識分子，公安局的人認他不出來的。」

於是我心裡又祈禱：但願老包藏在九百六十萬平方公里的社會主義祖國的哪個僻遠角落裡，與當地的勞動人民打成一片，讓軍方警方查不出來，挨過這段艱難的歲月。

　　然而一切都是妄想。最後傳出來的確切消息稱，老包是被捕了。有一次在電話中遠志明——他在「六四慘案」以後逃了出來，旋即成為基督教傳教士——告訴我：有人在北京的一家軍隊醫院裡看到老包被押送著去治療，已經全身萎縮，像個乾瘦的孩子一樣蜷曲在小推車裡，看樣子是活不長了。

名銜成堆，其貌不揚

　　就在一九九一年初北京宣布判決結果前不久，又聽到別人說：位於歐美的國際人權組織得到消息，包遵信在監獄中受不了，幾次企圖自殺，未遂。

　　所有這些都是傳聞，未經證實的。我所能夠證實的，只是過去我跟老包交往中得知的一些事情。

　　我第一次見到老包，是在一九八二年秋天北京《讀書》雜誌編輯部舉辦的例行座談會上。出席座談會的都是些北京知識分子圈子裡的人，我記得有朱狄、王小強、吳國光、梁治平等人。大家一見面都很熟悉，只有我是剛從外地分配到北京，因此《讀書》的編輯王焱（「六四」以後也坐了一陣子牢）特地拉著我到主持座談會的老包面前介紹一番，稱呼他的頭銜是「中國社科院歷史研究所副研究員，《讀書》雜誌副主編，實際上的雜誌主要負責人」。

　　我看了看老包，坐在一把椅子裡，兩腿盤起來，像個猴子。人又黑又瘦又小（我後來才知道老熟人們背後稱他為「小

老包」），穿得也是一套皺巴巴的深色衣褲。講起話來衣袖朝
上一捋，滿口濃重的土裡土氣的南方口音（不久辨認出來原屬
安徽一系）。我心裡直嘀咕：大名鼎鼎的《讀書》負責人可真
是不怎的，一點兒風度也沒有。

可就是這位其貌不揚的老包，幾年裡面幹出了好幾件挺漂
亮的事情。幫助主辦《讀書》雜誌算是一件。具體的編輯業務
當然不是他做的，多半是王焱在忙乎，但老包出色的活動能
力，開放的思想傾向，為《讀書》廣交有識見有膽量的中青年
作者，使這份雜誌成為中國大陸上享有盛譽的文化刊物，品味
嚴正，風格樸實，取向新穎，內容充實。澳大利亞和美國研究
中國問題的洋人學者多次在論文和著作中稱讚《讀書》在中國
十年（截止一九八九年春）改革開放中起到卓越的作用。參與
發起和組織《走向未來》叢書也算是一件大事。老包既沒有為
這套叢書做過編譯，似乎也沒有為它寫過什麼小冊子。但他為
人豪爽，心胸坦蕩，容得了人。大家都尊他為兄長，買他的帳。
他身為叢書主編，像一塊糯米餈粑，能把一大夥人人自命不
凡、個個兩眼朝天的中青年學者黏合在一起[1]，真是勉為其
難。《走向未來》叢書從一九八三年六月創刊到一九八九春學
運興起之前，一共出書近八十種，每種印刷多則八、九萬冊，
少則三、四萬冊。雖然它們之中絕大多數學術水平不甚高深，
但對於長期閉關鎖國的中國大陸，在通俗地介紹域外新思潮

---

1. 在這個編輯委員會的三十多名成員中，至少有十人因為「八九民運」
　而倒楣，包括撤職、坐牢和流亡海外。只有兩三位在政界繼續生存
　著和發展著；這少數人或是「老革命」的兒子，或是「老革命」的
　女兒的先生。

新觀念新學科方面，卻是功不可沒。在中國大陸二十世紀八
〇年代的「叢書」熱中，《走向未來》既是首開先河，也是影
響最巨。

老包魅力不可多得

　　參與開辦中國文化書院也算是一件。老包在裡面既擔任
一點組織工作，也授課教學。二十世紀八〇年代中後期，中
國大陸興起「文化研究熱」，「全盤西化派」、「儒學復興派」、
「西體中用派」、「中體西用派」、「折衷選擇派」等等，爭
得不可開交，焦點仍然是「五四」運動以來的老主題：如何使
中國既不失為一個獨特的文明實體，又不排斥走向一個現代
化的國家？在這場熾熱的大論戰中，老包是徹頭徹尾的「反傳
統派」，到處做報告寫文章，痛斥百分之百的和百分之幾十的
「保留傳統」派，不願意有絲毫的妥協。有人從北京轉告身在
波士頓的我，老包看了我在海外寫的有關儒教文化與「東亞發
展模式」的文章，大為不悅，忿忿然道：「丁學良怎麼也變得
保守了，為傳統文化抹金？」老包發火有點理由，我那篇評論
東亞成功與儒家倫理的文章，標題是〈非民主制度下，怎樣現
代化？〉，恰好與老包反駁「東亞成功儒教有功」論的大作，〈儒
家倫理與亞洲四小龍──「儒家復興說」駁議〉，登在同一期
的《明報月刊》（一九八八年一月號）！真是冤家路窄。

　　一九八九年春季之前幾年的那段時間，老包還參與過幾起
有意義的事情：與鄧小平的長子鄧樸方在一起主辦《華夏讀書

二十世紀文庫》，編譯出版像摩爾（Barrington Moore, Jr.）的
《民主和專制的社會起源》和波普（Karl Popper）的《歷史決
定論的貧困》這樣十足反馬克思主義的西方名著。與鄧樸方合
不來分手之後，老包又去設法舉辦大型文化社會雜誌《太平洋
論壇》，努力把海內外華人知識分子串聯在一起，探討復興中
華民族的問題。雜誌只出了一期就停刊了，因為碰上了「八九
民運」。

頂尖的社會科學活動家

　　一九八〇年代的中國大陸，不論哪裡有文化知識界集體
協作的、有意義的活動，都少不了包遵信。老包不算是頂尖
的學者，但卻是頂尖的社會科學界活動家。他那瘦瘦小小的
身體裡，有那麼多的精力。你經常可以看到黑瘦的老包，手
裡提著一只黑舊的皮包，馬不停蹄地從這裡跑到那裡，一天
主持好幾個座談會。每個座談會上，都少不了要大著嗓門講
一通話，喝幾杯濃茶，抽幾枝勁菸。他身體不好，有時累過
了頭就吐血。吐一灘血，抹抹嘴，喘一口氣，又出去奔波。
他太太有時向朋友訴苦：老包總是大清早出門，半夜才歸家。
別人的爸爸忙著給孩子補功課，希望考上一所好學校，我們
家的孩子連見到爸爸面的時間都不多。

　　老包那乾瘦乾瘦的身體裡，有那麼多的熱情和義氣。我
們只見過一次面，第二次在路上碰到，他就拉著我去找個地
方喝酒。北京東直門旁路邊的一家小飯館裡，蒼蠅翩翩，顧

客寥寥。兩碗白乾，一碟煮花生米，一盤長毛的滷豬頭肉，我們倆喝得酒氣干雲，意氣勃發。煙霧繚繞中，信誓旦旦，要為中國現代化幹一番事業！

　　老包主持《讀書》雜誌期間，總是有辦法把各路人馬邀到北京朝陽門內大街一六六號去，讓老中青三代知識分子在一起就大家最關心的問題進行溝通。我一九八四年仲夏啟程出國前不久，還被邀請去參加了一次四、五十人的大型座談會。在那裡第一次見到我所尊敬的劉賓雁先生，謹慎小心地談他揭露東北官僚特權遇到的困阻；蘇紹智老師談他訪問東歐觀察社會主義世界政治經濟改革的感想；中國科技大學的溫元凱手舞足蹈地談他參加全國人大代表討論會上的見聞。座談會結束時，胖胖墩墩、老成持重的王焱發話：「根據事先安排，《讀書》預備了一頓便飯。凡屬於事先接到邀請信來參加這個討論會的，會後請留下用餐。凡是沒有接到邀請信自動跑來參加的同志，恕不能招待，事先實在沒有為這麼多人作準備。」老包一聽，馬上捋起袖子，手一揮：「來的都是朋友，不管事先有沒有被邀請，都去吃。招待不周，諒大家也不會見怪。」於是四、五十人，浩浩蕩蕩，開到東直門附近一家四川農民進京辦的個體戶飯莊。在裝飾得紅紅綠綠、俗不可耐的飯廳裡，大家就著麻辣厚重的四川菜，打開北京郊區順義產的當年帶有洗鍋水味道的「燕京啤酒」，暢談起中國的前途和人類的命運來。

長江岸邊果然蓋世之材

在老包那瘦瘦小小的身體裡面，有那樣的一股豪壯之氣！這也難怪，他出生在安徽省和縣，長江岸邊，與我的故鄉一水之隔。那兒是「力拔山兮氣蓋世」的西楚霸王項羽自刎之地。飲著摻和有楚霸王血漿的大江之水長大，怎會扭扭捏捏左顧右盼？

「八九學運」驟起，在海外聽到老包一馬當先，組織北京的知識界聲援絕食的大學生，我一點也不感到意外。老包一直就是那樣的以天下事和國事為家事，救國心切，疾惡如仇；逢到這樣非常的歷史關頭，他豈會束手旁觀？老包身為史學大宗師顧頡剛先生的關門弟子，自然有一股濃厚的歷史責任感。

很多人都說：老包雖然結交甚廣，卻不大會為自己謀利益。安徽鄉下走出來的老包缺了一點盤算的心眼。這些年來，那麼多的中國大陸人士出訪歐洲北美，其中竟然從來沒有老包。憑著老包這些年來在知識界發起和參與的那麼多重大的活動，他也比許多出訪西方的中國學者更有資格出來介紹中國大陸社會科學事業的發展變化。

去年（一九九〇）年底，當我聽到「八九民運」中的人士即將被審判，並且有很多令人恐懼的傳言（包括「要殺一批」）的時候，就急著與美國學術界聯繫，看看能不能對他們提供適當的法律援助。波士頓大學研究中國歷史和知識分子問題的谷高梅（Merle Goldman）教授就納悶地問我：「為什麼十

年改革期間，包遵信在中國從事過那麼多的知識界重要活動，卻不為外界所知道？他既沒有出過國，也沒有西方學者去中國訪問他。」

我黯然無語。老包太「土」，形象太土，心眼兒也土，大概從來就沒有學會這年頭很時興的「出口轉內銷」的技巧──在外國大吹自己在中國的影響如何如何，然後回到中國再大吹外國人如何重視自己在中國的影響。

何日重逢憑江豪飲？

從北京流亡美國波士頓的白樺女士告訴我：「六四事件」以後，北京的朋友們曾經設法給被捕的多位知名人士家裡送點救濟金去。別的人家多少都送到了，老包家卻送不進去，因為門口的便衣警察看守得太緊，有個別鄰居家的大孩子（也許是小青年？）還乘機給老包家的人氣受。白樺嘆口氣道：「老包家裡本來就清苦，那幾年他風風光光的時候也沒給家裡弄什麼好處，這一下日子可就難過了。」

老包，老包！你在國內竭盡全力為中國的啟蒙事業而奔波的時候，我到國外來留學鍍金。雖然在國外咱過得也是窮學生的日子，但比國內的你卻好上一截。你現在為中國免於衰敗而坐牢的時候，我既無法救你出獄，也無法為你家人送錢，也沒有膽量坐飛機回北京去為你在法庭上伸張正義。我唯一做過的事情，就是給美國的學者們和人權組織打電話，

提議他們千萬不要忘了你和像你一樣的和平抗爭愛國者。春節之際，只能遙向獄中的你拜年：你要多保重，硬著頭皮活下來，等著共產黨裡最熱中於以暴力來解決社會問題的極端派走腿的那一天。雖然我這個人生性悲觀，卻相信這個日子不會遠了。待到中國重新開明開放的那一天，我回到北京去找你，口袋裡多揣幾張外匯，找個像模像樣的飯店大吃大喝一通。或者你若是願意，咱倆回安徽老家，攜一壺陳年烈酒，央和縣長江裡的漁老大煮一尾鮮魚，我們憑江而飲，從頭敘過這些年來的風風雨雨？

補記

　　就在以上的向獄中的老包拜年的文字發表之後的兩年又六個月，我終於在北京見到了老包，其時他剛從監獄裡假釋出來不久。他告訴我，有人從美國把我的這篇短文經由香港的記者，帶到北京交給了他的家屬。他的家屬又設法將文章的問候轉告給了尚在獄中的他。老包的女兒在爸爸假釋返家後挺不以為然地問他：「這個姓丁的是你的朋友，又是老鄉，幹麼在文章裡說你是頂尖的社會科學活動家，但不是頂尖的學者？」老包答道：「我覺得這個評價還是滿公平的。」畢竟是老包，何其胸襟坦蕩！

　　我在電話中約老包：「幾年前在文章中說了，我要回國時口袋裡多揣幾張外匯，找個像模像樣的飯館跟你大吃大喝一通。你能不能設法出來？」第二天中午，在位於「東四」十字

路口附近的「錫林郭勒餐廳」裡──該餐館大門口懸掛著曾任「中華人民共和國副主席」，人稱「內蒙王」的烏蘭夫親筆所題的店名，以示飯館的地位──我和老包對面而坐。老包從土黃色挎包裡提出一瓶五十多度的「鄭板橋酒」，說是專門為我倆重逢而早預備下的：「鄭八怪一生恃才傲世，不拍官府的馬屁，咱們就喝他的酒！」

我特意預訂了蒙古大菜中的珍品──烤全羔羊。我勸老包用鋒利的蒙古小刀剖開烤羔羊的肚膛，將一副內臟和酒吞下。老包看著還帶有鮮血的一小團內臟，有幾分躊躇。我向他解釋：這種小羔羊還在喝母乳的階段，從未吃過草料，內臟很潔淨。根據中醫教導，和酒將它吞下，大補元氣。你從牢裡剛出來，得補補身子。

老包聽後，斟滿一小碗白酒，仰頭「咕咚」一聲，就生吞下那副羔羊內臟；吞嚥時鼻子眼睛都擠在了一塊。

我建議老包把他親身經歷的「八九之春」和隨後的遭遇寫出來，趁著記憶還鮮紅鮮紅的時候趕緊寫，如實地寫，既不要刻意美化學（民）運的參與者，也不要刻意醜化反對學（民）運的那一方。老包說他已經動筆，遵循著不怕惹惱得罪任何人的「信史」標準在寫。

那是我最後一次見到老包。

中國大陸自由主義的首席發言人
─對李慎之老師的遲緩追憶─

李慎之老師去世（二〇〇三年四月二十二日）幾個小時以後，海外的學術界就得到了通知。這個噩耗，是他在美國研究所的學生王君用英文向我們發出的。

李慎之老師剛一去世，曾經和他一起共事的同輩和晚輩學者們，紛紛撰文，表示悼念。但直到李老師去世後將近一個月，我的悼念文章還沒有問世，以至於引起北京的朋友們的納悶和催促。如此遲緩的原因，是我聯繫不到中國國內的報刊發表。雖然我多年在海外工作，但特別看重紀念李慎之老師的文章，能夠刊載於中華人民共和國境內的報刊。看重這一點，是因為我自認為理解李老師一生的追求，一生的夢想，一生深刻的遺憾。他所思所論的，惟有放在中國大陸的背景下，其意義和價值，才能得到完滿的呈現。因此，讓他一生為之痛苦奮鬥的國人來讀到追念他的文章，才是最恰當的。然而將近一個月，我追念的文章無法在中國國內找到發表場地。這就是本文標題──「遲緩」──的含義。

對李老師的最初認識

我稱李慎之為「老師」，有兩重原因。在一九八○年代的北京學術部門，包括非常衙門化的中國社會科學院系統，人們也很少以職務來稱呼他人。我觀察到，如果某人是地位很高、學術教養很好的尊長者，他稱呼比他年輕、地位低的人時，冠以「老」字，譬如「老張」、「老李」，那就是對那個年輕人學問極高的尊重了。反之，像我們這些剛從大學分配去的人，遇到比自己地位和學問高很多的尊長者，就會稱他為「老師」，即便他和我們沒有嚴格意義上的師生關係。一聲「老師」，裡面包含著敬重和親切，包含著這樣一種含義，就是──尊重你，不是因為你的學術地位或行政職務很高，而是你的學問和文化教養高。這是我稱李慎之為老師的一個原因。另一個原因是，他和我的恩師蘇紹智先生，既是多年的老朋友，也是多年的同事。所以，我是把他當作自己的師輩來稱謂的，內心裡就是這樣看他。

我第一次聽見「李慎之」這個名字，應該是一九八三年的初夏。每個星期二的上午是我們例行的政治學習，也是同事之間交流形形色色的政治觀感包括小道消息的時候。在政治學習結束、快要吃午飯的休息時間裡，我們幾個年輕人站在走廊裡聊天，我就問比我先來研究所工作的一位林同事：「李慎之是誰？」因為在好幾次的政治學習和聊天中間，我都聽到這個名字，而且都是在一些非常有趣或者重要的背景下聽到。「你都不知道李慎之是誰？」那位林同事帶著一種非常意味深

長的微笑，看著我：「李慎之是當今中國頭號資產階級自由化分子。」

這個說法一出來，令我大吃一驚。因為那時在報刊上，「資產階級自由化」這個提法結合著內部正蠢蠢欲動的批判人道主義、異化論的運動。當時在報刊上還沒有點誰的名，但是在內部的討論會和小道消息中，據說上面已經開始對鼓吹社會主義異化論和人道主義的知識分子領頭人物進行批判，而當時最著名的代表人物是周揚和王若水兩位。周揚在中國文化藝術界，可以說是一個「異類」。他在文化大革命前是中共主管文藝的最高官員之一，被稱為文藝界的「沙皇」。文革中因為備受磨難，大徹大悟，從此認定了要對人的自由尊嚴進行肯定，大大推展對人道主義和異化的研究。王若水當時是《人民日報》分管理論問題的副總編輯，是在社會主義異化問題和人道主義研究中，影響最大的理論家。這兩位也就是在我們內部政治學習或者小道消息中，被指責為資產階級自由化的代表人物。在當時，還沒有任何報刊和內部的文件，把李慎之也放到其中進行批判。所以，當那位林同事說他是「當今中國頭號資產階級自由化代表人物」的時候，我真是驚訝無比！顯然，這位姓李的思想比周揚和王若水，對現實還要更具批判性。但他是誰呢？他其實當時就在與我們研究所同一層樓的社會科學院的美國研究所工作。

林同事告訴我，說「李慎之是當今中國頭號資產階級自由化人物」的，是鄧力群。鄧當時是中共中央宣傳部部長、中央書記處研究室主任，並且兼任中國社會科學院資深副院長。

他與胡喬木是最賣力地推動對社會主義異化論和人道主義進行批判的領導人物。

與李老師最初的間接交往

雖然從對李慎之的那個評語中，我產生了極大的好奇和暗中的敬意，當時卻沒有機會立刻直接地接觸到李老師。在我的記憶中，第一次與李老師有過間接的接觸，是一九八三年的八月份。其時，《鄧小平文選》剛剛出版發行，這在中國大陸的政治生活中是一件大事。最主要的官方報刊都在組織理論工作者撰寫學習《鄧小平文選》裡重要觀點和思想的文章。當時的《人民日報》負責人是中國一九七八年改革以來思想最為開放的一群，包括胡績偉、秦川、王若水先生。在他們擬定的十幾個專題中，其他的都已經找到合適的人或者小組撰寫文章。而他們認為《鄧小平文選》中最最重要的思想，是反對封建主義餘毒、改革黨和國家領導體制的那篇講話[1]。我們都知道，在中國政治背景下，「封建主義」、「封建餘毒」具有特別的政治敏感性，指的就是專制、獨裁、暴政，而毛澤東便是其集大成者。鄧小平的那篇講話，是他對文化大革命為什麼會發生以及怎樣防止文革式的政治悲劇再發生，所得出的最有積極意義的結論——就是要從政治制度改革著手，徹底清除中國的專制主義的影響。

---

1. 此篇講話是鄧小平 1980 年 8 月 18 日在中共中央政治局擴大會議上所作，收入《鄧小平文選》（北京：人民出版社，1983 年 7 月第一版），頁 280-302。後來獲悉，此篇講話草稿的執筆者乃是廖蓋隆，時任中共中央文獻研究室副主任，日後也兼任我們所的副所長。

　　《人民日報》當時通過我們所的負責人蘇紹智老師來組織寫這篇文章。很多人都覺得寫這樣的文章是要冒政治風險的，這可以從老一代領導人王震的講話中看出來；王震被認為是鄧力群他們的後台。王震當時就說：「反封建主義，反封建遺毒，就是反對黨的領導，就是反對我們！誰反對，就鎮壓誰！」這便是那時的政治氣氛。幾位深為我敬重的師輩們，當時找到了我，讓我寫這篇文章。在八月的一天，吃過晚飯以後，我到了蘇老師的家裡，在北京永安里，那一帶是《人民日報》幹部宿舍區。在討論這篇文章的要點時，在座有一位是《人民日報》理論部的負責人何匡先生，他也被鄧力群指責為「思想極右」。在談話過程中，他們打電話同李慎之老師商量，那是我第一次間接地與他有了接觸。他們商量的要點，最後融進了我的文章，題為〈切實改革，肅清封建主義殘餘影響〉。該文發表在一九八三年八月廿四日的《人民日報》。（我還記得，喜得稿費六十塊人民幣，差不多我一個月的工資。）隨後，在十月份的《新華文摘》上，這篇文章被列為第一篇，放在當時的政治局委員和領導人的文章之前。這是因為這篇文章在當時的政治氣氛下，可以說是觸及到了最敏感的政治制度改革的核心。

與李老師最後的交往

　　非常有緣的是，將近二十年之後，我在香港科技大學工作期間，李慎之老師成為我們科大人文社會科學學院聘請的

學術顧問之一。通常，我們學院聘請的學術顧問，都是在海外、主要是西方的名牌大學裡的名教授，地位崇高。他是顧問中唯一身在中國大陸的學者，可見我們對他是如何的敬重。二○○一年，他來香港科大開完顧問會議後，應邀作報告。當時，院裡問我，應該對李慎之做怎樣的介紹。我說：「一句話就可以概括出他在當今中國大陸知識界的地位，就是：他是中國知識分子的良心，是中國大陸自由主義傳統的首要發言人。」而李慎之老師那一次在香港科大作的報告，又是關於中國專制主義的影響。我記得來聽報告的人非常之多，會議室裡的椅子不夠用，很多人是站著的，有些人是坐在地板上的。

我一九九三年二月份離開美國到香港來，然後又到澳大利亞去。在這期間，我給李慎之老師郵寄過我在海外用中文發表的一些文論。每次回北京，只要有機會，也總想同他見面。可惜大部分時候都碰他不上，只能在電話中聊一聊。好在他在電話中，同與你面對面講話一樣的熱情、親切。第一次在北京跟他有過整整大半天的交談的，是一九九八年六月下旬的一個周末。那次他約了幾位青年朋友，其中有兩位是我出國以前就認識的，還有好幾位是原先不知名的，大家都是因為李老師核心的吸引力聚在一起。他們告訴我，像這樣的聚會差不多每個月有兩次，都是研討中國歷史或現實中最重要的一些政治、社會和文化問題。我當時就非常的羨慕。在幾個小時的研討以後，我們去了一個很偏僻的小餐館。大家一邊吃飯，一邊喝低檔啤酒，繼續聊了一兩個小時，最後

我們幾個晚輩弟子送他上車。當他個人的專車來接他的時候，他笑著對我們說：「這是我這個退休的高幹才能享受到的。我現在唯一不拒絕的特權，就是公家給我配一個車子，配一個司機。這樣，像我這樣一個身體不好、行動不便的人，才能在北京轉來轉去。」

我欠了李慎之老師一篇大文章。二○○○年元旦，我在香港和台灣同時發表了一篇短評〈美中衝突中的四種主義〉，討論美國同中華人民共和國之間發生根本衝突的原因。這篇文章探討一個很重要的問題：美中之間的衝突，在多大的程度上，是雙方的政治制度不同造成的；在多大的程度上，是雙方屬於不同的種族和文化造成的。換句話說，假若一九九一年蘇聯垮台以後，中國不再是共產黨專權，但同樣是一個快速發展中的東方大國，美國會否不再把中國的發展，視為對它的重大威脅？這篇文章因為在海外傳播極廣，李老師也看到了。我回北京的時候，在電話中同他交談，他說這篇文章被一些中國國內的人視為鼓吹民族主義即 nationalism，而且是無條件的。李老師傳話：「你的朋友說：連丁學良這小子都為民族主義說話了，以後不理睬他了！」

我簡短地跟他解釋，這是誤讀。因為我知道在海外發表的東西傳到中國大陸去的時候，常常並非是完整原樣的文本。李老師在婉轉地表達了對我的批評的同時，也說到：「我理解你不是那個意思，不是要鼓吹用民族主義來對抗民主自由的世界潮流。」李老師對我特別強調的一點就是，在中國特殊的政治狀況之下，民族主義只會幫助反對改革開放、反對自由

民主的勢力。

我理解李老師沉重的考慮和告誡。但是在理論上，我不同意可以把任何形式的民族主義同民主自由價值觀對立起來。我當時在電話中跟他說，我要寫一篇很長的文章，把不同形式的民族主義與自由民主之間的關係理清，以便為爭取中國國內的政治公正和中國在國際社會裡的公正，找到一個理論框架。我知道這樣的一篇長文很難寫，因為它並不是純粹的概念討論，而必須把中國現在國內政治的困境與中國在國際政治中的處境，這兩者之間非常令人困惑的關係講清楚。我確實是很認真地在寫這篇長文，已經寫了一年多了。本來是將它作為一本書裡的一章，以回答那些在中國國內和海外，對我先前那篇文章提過批評和質疑的讀者和朋友們。更重要的是，對中國國內的政治狀態在多大的程度上影響了中國的國際地位這樣一個難題，作一個立足於「民主的國族主義」（Democratic nationalism）立場的正面回答。這篇寫了一年半的長文，現在還在我的抽屜裡，幾易其稿。這本大約是十萬字的書，沒有寫完，李老師就已經離開了我們。作為一個學生，我欠了他一篇大文章。我現在都不知道，什麼時候才能把那篇文章寫好，把那本書寫完。

李慎之老師是他那一輩人中最傑出的幾位之一，在許多方面都超出了他那一代人很難超出的局限。為此，他也付出了他那一代很多人都曾經付出過的有形無形的代價。他已經反覆闡明的一些問題，在今天的中國社會裡很難推展落實。他所面臨的另一些問題，不僅困惑了他那一代人，而且也困

惑著後輩。如果我們再回過頭來看得更遠一些，就會發現，李慎之老師那一代人沒有完全解答清楚的問題，實際上，在他們之前的兩代中國知識分子那裡，都已經被反覆地爭論過、嘗試過了。使得中國幾代最優秀的頭腦都苦苦思索，無數的人為它們付出了心血，無數的人為它們付出了鮮血，還有很多人為它們付出了生命的那些難題，在中國本土沒有被理清，遑論得到解決！這是那幾代人的悲哀，是李老師本人的悲哀，是我們這代人的悲哀；很清楚地，也是我們整個民族的悲哀。

間接感受《在秦城坐牢》

　　中國人在請別人為自己的書作序時，通常會是請兩種人（或一身兼備這兩種素質的人）：第一，比自己資歷更深的名人；第二，肯定會為自己說好話的友人。前者是以別人的響亮名聲為自己的書作廣告，後者是以別人的通篇讚揚為自己的書作推銷。

　　這兩種素質我都不具備。所以當「明報出版社」的主編通知我，戴晴希望我為她的《在秦城坐牢》這本書作序時，我頗感驚訝，同時也佩服戴晴挺富有冒險精神。

　　戴晴的書說的是一九八九年春天北京的那場學（民）運，以及她本人在這之後坐秦城大牢的經驗。這些事我都沒有經歷過。缺乏親身經歷使得我難以就她的書述及的細節評說優劣，缺乏親身經歷又使得我有可能以較為超脫的心態對這段歷史發些議論。

不寫便是錯

　　首先我要說的是，所有不幸和有幸參加（或捲入）過八九學運的女士和男士，都有責任把個人的經歷寫下來，這是給

自己、也是給後人作慎重的交代。她們（或他們）的同時代人和後代的人們有必要知道，在那段時間裡究竟發生了什麼。一九八九年七月，我們應邀赴巴黎出席法蘭西大革命二百周年紀念慶典，首次晤見中國學運人士的時候，我就對他們說：「現在全球都生活在中國六四事件的陰影之中，你們因此成天被西方媒體所注目。這不會持續很久。西方國家是市場社會，市場上沒有經久不變的時尚。美國總統在位之時，媒體捕捉到他的隻字片語都視為珍寶；去職以後，幾個月都難得在電視上看到他的一個鏡頭。對本國政治家尚且如此『世態炎涼』，何況對來自他國的政治流亡人士。所以你們要抓緊時機，把八九之春的經歷寫下來。目前寫作的資助易得，寫出文字後讀者也多。以後就難以得到這麼廣泛的關注了。」

我說這些話的時候，大多數的學運人士都顯出不屑的神色。以後數年的事實似乎也證明，他們的確是言行一致──不說要寫，也真的不寫。

把這些個人經歷寫下來的價值何在？價值多多。其中之一是：像我這樣靠做社會科學研究混飯吃的人有原始資料可查索。其中之二是：使寫的人和讀的人今後盡量少重複──說「不重複」是樂觀得太離譜了──八九民運中類似的錯誤判斷和不智行動。

戴晴這本書的記述和議論有兩個長處──細節（時間、地點、人物、過程）清楚，褒貶分明（指名道姓地說好話和說壞話）。我很討厭盛行於我們中國人裡面的兩種作文風格，一是

寫文章時不署真名,二是批評別人時不指名道姓,用模糊籠統的代詞,如「有人」、「某大學教授」、「一位眾所周知的港商」等等。這兩種風格其實都植根於一個品性:懦弱和躲避責任;至於把兩種風格集於一身——匿名發表文章批評他人——則屬卑劣了。一個人用真名發表自己的真見誠然是對讀者負責任和有勇氣的表現,一個人署真名來指名道姓地批評他人,更需要做人的勇氣和負責之心。因為你寫的一切連同你自己,都在眾人的審視之下,和尚與廟都跑不掉。因此,也許我並不必然地同意戴晴在這本書中對別人所作的一切批判,但我卻十分贊同她作這些評判的那種坦直的方式。

想像中的監獄更難坐

如果說戴晴對八九學運中很多著名人士的評判容易引起爭議,那麼,她對自己坐牢經驗的描述就更具爭議性了。我聽說有些讀者早就批評她的〈我的入獄〉一文把共產黨的監獄和公安人員寫得太文明太人道了。我讀過這部分回憶文字後,覺得要理解戴晴的描述,必須得考慮到多層因素。

第一,戴晴坐的不是普通監牢,而是關押最重要的政治犯的秦城監獄。它在中國眾多監獄中的檔次,有如北京王府飯店在中國眾多旅館中的檔次,乃屬屈指可數的五星級。能夠被關押在秦城監獄,實屬在政治方面犯了「大師」一級的罪,同時犯罪者又必須是全國知名人士。中國共產黨的政治是最道地的精英政治,對己對敵均看重精英,對敵人一方尤其如

此，可惜許多人不甚明白這個道理。一九七五年三月奉毛澤東的指示，中國公安部宣布特赦所有在押的前國民黨「高級戰犯」，這其中就有黃維將軍。黃維兵團在與共產黨作戰期間，一度將司令部駐在我的家鄉安徽宣城。黃維等人的特赦消息公布後，他屬下的一個班長（家居宣城西鄉）立刻跑去派出所申訴道：「我從前的司令長官特赦了，還進了共產黨的全國政協。我這個小班長還戴著四類分子的帽子，應該摘掉了！」派出所的人冷冷地答道：「你殺解放軍殺得太少了。當年如果殺得多，當上了國民黨的將軍，這會兒你也就進政協了。」

所以，作為一個規律，那幾位被中共中央政治局委員陳希同的「六四平亂」報告點名的全國最知名的「動亂精英」在牢裡的待遇，一定會比普通的「動亂分子」好得多。一九九三年夏初我在北京問因病假釋出獄的包遵信，在大牢裡有沒有受罪，他說還好，每天甚至免費供給一盒香菸。我當時立刻生出一個念頭，倘若我將來坐牢，一定會申請每日供給一點酒而不是香菸（我討厭抽菸）。當然我會很自覺，只要求普通的國產酒如紅星牌二鍋頭或者孔府家酒而不是進口的 XO（包遵信說給他的菸不是「紅塔山」而是中檔菸，菸的名字我忘了）。

第二，戴晴坐牢的原因是八九學運而不是別的罪名。在一九四九年之後的北京，任何一場政治事件，都沒有像八九學運那樣贏得過那麼廣泛的人們的同情。同情者不僅僅是普通百姓，也包括共產黨的各級幹部、軍隊和警察（包括國家安全部）中的官兵。那些逮捕、看守和審問戴晴的人，有一部分也許內心裡根本就同情八九學潮，不是仇視而是充分地理解

他們的訴求。

第三，秦城監獄的工作人員自從「文化大革命」以來，看多了「朝為階下囚，暮成座上卿」的悲喜劇（這點戴晴在回憶中已經點到），心裡說不定存著「來日你平反上台，勿忘今日我對你曾以禮相待」的念頭。確實，以前被關押在秦城監獄的彭真等人，日後不都是平反翻案、重新做了人上人嗎？我記得一篇關於王軍濤的報導，看押他的人就對他說：「大哥，等到給八九學潮翻案，您當了領導人的日子，可別忘了咱們！」這種心理，也屬人之常情。

第四，還有一個原因，就是戴晴原來聽說過種種有關共產黨監獄駭人的描述，心裡對被捕入獄以後的待遇，存著壞得不能再壞的預想。一旦受到的不是那麼壞的待遇，內心感受的反差就特別強烈。人對任何一種生活經驗的評價，總是或隱或顯地對照著主觀的期待而作出。期許越低，越多驚喜的機會；期許越高，越多失望的可能。中共宣傳戰線上的領導同志，幾十年來一直沒有開化到參悟這個辯證法。中國大陸的青年對本國社會主義制度十分厭棄和對西方資本主義制度十分憧憬，重要原因之一，是中共官方的宣傳總是把社會主義說得太優越，而把資本主義說得太腐朽。

我若是當了中共中央宣傳部長，一定反其道而行之，經常說些社會主義制度的缺點和資本主義制度的優點，說不定中國老百姓從此以後反而喜歡上社會主義起來。還有種種其他的原因，但是我不能再分析得沒完。明報出版社的編輯叮囑我：序言「字數在三千字左右即可」。

「人之將死，其言也壯」

在戴晴寫於獄中的「交代材料」裡，〈最後的話〉一篇具有特別的分量。它是作者獲悉中共當局對「六四事件」中被抓的犯人要「殺一批」、測度本人必在「被殺」之列後寫下的。蒼涼悲抑之情、義憤不平之氣力透紙背。作者特地告知後人，「六四」流血悲劇並非從一開始就注定要發生。恰恰相反，曾經有過多次機會可以化解緊張局勢。最後流血事件變得不可避免，實乃有的人不希望避免，有些人不知道去避免。前者人數不多，但權力不小。後者人數不少，但頭腦不清。

讀到這短短的〈最後的話〉，我又一次感覺到，人到臨死的關頭對自己的所作所為仍不悔者，每每有空谷足音。能稱得上「千古絕唱」的就有不少，如文天祥的「人生自古誰無死，留取丹心照汗青」和譚嗣同的「我自橫刀向天笑，去留肝膽兩崑崙」。二戰時期捷克革命作家伏契克（Julius Fucik）在〈絞刑架上的報告〉中的結束語「人們，我愛你們，但你們要警惕啊！」和中國革命作家瞿秋白在等候極刑時的〈多餘的話〉，也都堪稱警句和佳作。至於耶穌在去耶路撒冷的途中，告知弟子他會被捕和處決時的遺言──「人子不是來受人伺候，而是來伺候人，並且為了救贖大眾而獻出自己的生命」，更是使得世世代代億億萬萬的蒼生洗心革面。

由此可見，古語「鳥之將死，其鳴也哀，人之將死，其言也善」不甚確切；應是「人之將死，其言也壯」。「死」乃是一道 X 強光束，平時由絲絲縷縷層層疊疊的世俗考慮交叉覆

蓋著的那一點點屬於人的真我的東西,這時被穿透而來的強光束照亮,甚至被灼得爆燃起來。

我讀戴晴這本書時心情最感痛惜之處,是有關一九八九春夏之交那些被激進主義衝走了政治發展之良機的片段。這種感嘆在別的一些八九民運參與者的回憶中也曾聽過,只是至今(按:截至一九九四年底)沒有讀到柴玲和吾爾開希等學生領袖作過類似的反思。我年少時是紅衛兵骨幹,所寫的大字報之風格被戰友們稱為「血淋淋的」,激進自然是吾之本色。這些年來通過在諸多國家的遊學和生活,我逐步認識到妥協乃成功的民主運動之不可或缺的要素。甚至不妨說,民主政治就是制度化的妥協過程。

實際上,有一把閱歷的成年人回顧自己的過去,不會看不出,人生就是不斷的妥協,亦即為著得到自己想要的一些東西而不得不捨棄自己喜歡的另一些東西。你若想健康長壽,就得遠離熏、烤、煎、炸的諸般美味,過著不抽菸、不喝酒、不貪色、不嗔怒的清心寡欲生活。你若想生病時有公費醫療保險,年老了有退休金,孩子上學校付很少的學費,你就得接受一個個人所得稅率很高的制度。你若想自己的言論有很大的社會影響,就得生活在一個言論不甚自由的社會裡。因為在一個言論充分自由的國家,你什麼都可以說,但是沒有人會注意你在說什麼。

妥協是成年的智慧,激進則是青年的專利。儘管每一輩人到了成熟的年齡都會看出年輕人的激進毛病,新一代的中國學生運動多半還是會被激進主義所牽引。因為,雖然激進

於人類整體而言是一個已經多次犯過的錯，對每一具體的青少年個人，它卻是新鮮的。

要想中國未來爭取政治進步的運動不再被激進主義推向絕路，除了統治者需要開化心態、擯棄「你死我活主義」外，民眾的心態也得更新，更新到在中國社會裡，敢於關心公共事務的不再僅限於一群涉世未深的初生牛犢，更新到年歲更長、閱歷更豐、頭腦更複雜的成年諸社會階層能夠主動肩負起爭取公益（public good）的主要責任。倘若社會運動始終由學生運動作主帥、而不是學生運動成為普遍公民運動的一支偏師，則中國社會裡的上下政治互動，罕有走出壯懷激烈的悲劇循環之機會的。

「重慶模式」算是第幾次
「小型文革」？

正當全世界政治的、投資的、娛樂的（這個行業的男女大腕都覺得此乃超級電影電視劇的最佳素材）觀察家們將目光盯在北京、試看中共中央最高層如何擺平二〇一二年二月初發酵的重慶事件的三大主角薄熙來、薄谷開來和王立軍的時候，香港中文大學公告：十月二十九日哈佛大學講座教授、西方世界研究中國「文革」的權威學者馬若德（這是他的中文雅名，原名 Roderick MacFarquhar，中國大陸音譯為「麥克法夸爾」）應邀來香港，為他的三部曲《文化大革命的起源》（*The Origins of the Cultural Revolution*）第三卷的中譯本（由香港的新世紀出版社出版發行）之首發，在香港中文大學行政樓「祖堯堂」舉辦專題報告會。

其實，這場報告會的最佳地點應該是在毛澤東曾指揮「文革」的中國紅都北京，第二佳地點應該是薄熙來曾「唱紅打黑」的霧都重慶，可惜這樣好主題的研討會在這兩個地方都開辦不成，只好屈尊在第三佳的地點商都香港舉辦——香港雖然不是「文革」的中心城市，卻早已經是全球「文革」研究成果出版發行的最大中心。位於香港中文大學的「大學服務中心」就

收集有汗牛充棟的「文革」第一手和第二手材料；幾十年來，
全世界的「文革」學者都得來這裡苦讀苦抄苦思苦撰和苦住（香
港的住宿條件怎麼也比不上北美澳洲西歐拉美）。

1984 年夏天，馬若德（麥克法夸爾 Roderick MacFarquhar）教授訪問我所
在的社會科學研究院，做有關中國文革後改革方向之報告。

也曾經「左派」過

　　馬若德先生出身於英國貴族世家，可年輕時熱中於社會
公平的政治潮流，加入了屬於英國左翼的工黨，成為議會下
院的議員。他一度供職於英國外交部，曾以高級文官身分於

一九七一年首次訪問中國大陸。前此他還擔任過 BBC 國際新聞節目的主持人，並且參與創辦了後來享譽全球學界的《中國季刊》（*The China Quarterly*），在政界、傳媒界、學界均積累了親身奮鬥的豐富經驗。當鄧小平的去社會主義革命（即改革開放政策）把中國重新推向世界的時候，西方研究中國的首要重鎮哈佛大學就把馬若德請回去，執掌當代中國政治的教學和研究。他早年在此校跟隨西方的中國史學大師費正清讀研究生，回到母校，心甘情願。況且他在這裡讀書的年代，又幸遇研究中國問題的才女愛茉莉（Emily Jane Cohen，日後任《經濟學人》雜誌的波士頓站長和《美國新聞與世界報導》的國際版主編），結成良緣。

馬若德最早的研究領域其實偏向於國際關係、國際政治，成名作包括蘇聯和中國大陸的摩擦衝突，以及一九四九年以後中國大陸和美國的麻煩關係。然而，有著親身從政經驗的他，對政治大趨勢的敏感度非一般的書呆子可比擬。中國文化大革命一啟動，他就感覺到此一事件非同尋常，於是從一九六八年起就把研究「文革」作為自己的首要課題，由此而奠定了他作為西方學界研究中國「文革」——西方學術界也有研究蘇聯「文革」的專家，「文化革命」這一術語來自蘇聯的早期政治生活——的領軍人物。一九七四年，他發表了「文革前史」三部曲的首卷《文化大革命的起源：人民內部矛盾，1956-1957年》；一九八三年，他發表了第二卷，聚焦在一九五八——一九六〇年的大躍進；一九九七年，第三卷發行，剖析中共領導層在一九六一——一九六六年期間的嚴重分歧。三部「文革

前史」的英文版，加起來將近一千七百頁，密密麻麻的排字本，真正是讓人望而生畏、嘆為觀止！它們獲得了「亞洲研究學會」（The Association for Asian Studies, AAS）一九九九年度備受尊敬的列文森獎（Joseph R. Levenson Prize）。這位於一九六九年不幸英年早逝的列文森生前在西方被認為是當代最有才華的治中國史的傑出學者之一，他的代表作，是探討中國現代化之文化價值觀困境的三卷本巨著《儒教中國及其現代命運》（*Confucian China and Its Modern Fate: A Trilogy*）。以他命名的這項學術獎，專為英語世界關於二十世紀的中國歷史優秀研究成果而設。馬若德不但以其著作獲得列文森獎，他在哈佛大學還獲得過列文森傑出教學獎，可謂雙獎一身，實至名歸。

名利不雙收

中國大陸官方其實對於馬若德的「文革」系列研究成果一直予以高度重視，北京的「求實出版社」於一九八九至一九九〇年間，出版了《文化大革命的起源》第一卷和第二卷的中文譯本，雖然其中刪節了最敏感也就是最吸引人的部分，首印發行量仍然共計十一萬冊，盜版則難以計數。馬若德貴族世家出身，對錢財不怎麼在乎，一分錢稿酬版稅也沒有索取，只希望他的「文革」研究成果能夠被深受「文革」之苦的中國人民廣泛閱讀。可惜一九八九年六四事件之後，中國大陸的言論空間急速壓窄，《文化大革命的起源》譯本的第三卷（副標

題是「浩劫的來臨：1961-1966年」）一直難以問世。幸虧還有個一國兩制下的香港，於是就有了二〇一二年十月二十九日第三卷的首發及報告會。香港新世紀出版社同時還修訂了第一卷和第二卷的譯本，把被中國內地出版社砍掉的部分補足。三卷齊發，以滿足全球各地中文讀者的渴求。

華人社會裡有句流傳極廣的悲愴之言：「文革雖是發生在中國，文革研究卻是在海外。」西方世界對中國「文革」的理解，很大程度上要歸功於馬若德幾十年如一日的辛苦工作。遠在一九八〇年代的中期，哈佛大學校方就正式向他提議，可否在該校本科生的「核心課程——外國文化」的大欄目下，新開設一門專講「中國文化大革命」的課？如果開辦成了，這將是全世界主要的研究型大學裡，首項以「中國文革」為唯一主題的完整課目；到那時為止，雖然西方大學其他的課程中也有中國「文革」的內容，但都是作為當代中國政治或中國現代史的一小部分講授的。

雖然這個建議對馬若德頗具誘惑力，但他卻心中無底——中國的「文革」是那麼的撲朔迷離、如此的錯綜複雜，怎麼好給美國本土生本土長的大孩子們講清楚呢？比如說吧，毛澤東正式發動「文革」的頭排猛烈炮火——對明史專家吳晗的新編歷史劇《海瑞罷官》的革命大批判，海瑞被罷官的時代是十六世紀中葉，那比美利堅合眾國的成立還早了兩個多世紀。怎麼能夠對美國的本科生們講明白，在毛澤東統治之下，古代史、中世紀史都是為現實政治鬥爭服務的小僕人呢？

　　誰知道首屆題為「中國文化大革命」的課程（註冊號碼是「外國文化 48」）於一九八八年春季開課時，哈佛大學本科生中主動要來上的幾達千名，哈佛本科生院四屆全部學生才只有六千多人。這麼大規模的課，倒是給校方後勤部門出了一道難題，因為校園裡沒有這麼大的常規教室。無奈，校方只好准許這門課在 Sanders 劇院裡上；該棟古建築物頗具文物價值，平時保管甚嚴，通常是在重大慶典時才動用，我們接受博士學位證書的儀式便是在那裡面舉行的。

　　我記得正式註冊修首屆「中國文化大革命」課的學生是八百三十名左右，僅助教隊伍就有二十二名，包括本人光榮在內。二〇一二年十月二十九日從美國、歐洲、北京、蒙古等地趕來香港參加《文化大革命的起源》中文譯本首發報告會的，有好幾位都是當年的助教或學生。那時候還沒有現成的課本，馬若德就組織助教們認真挑選中文資料翻譯成英文，複印裝訂成冊作為教材。我印象鮮明的是當時在討論如何翻譯「文革」時期的特有術語遭遇的困難，常常為一個譯法之取捨爭論老半天。比如，「走資本主義道路的當權派」簡稱「走資派」，最後選定的是具硬譯風格的 capitalist roaders（字面上是「資本主義的走路人」）。有的美國學生在測驗時望文生義，把它解釋成：「非常富有的人開著豪華車在高速公路上奔馳」。按此標準，香港和台北的「走資派」實在太多了！

　　馬若德在哈佛大學講授中國文化大革命課二十餘年，這門課已經成為哈佛本科生的經典課程之一。後來的學生更幸運，因為他們有了一部專著當主要課本，這便是馬若德與瑞典籍

當代中國研究學者、功力深厚的沈邁克（Michael Schoenhals）
合作，勞作經年完成的巨著——《毛澤東最後的革命》（*Mao's
Last Revolution*）。幾近七百頁的英文原版由哈佛大學出版社
於二〇〇六年發行，中文簡體字譯本三年後問世（由香港星克
爾出版公司出版發行，台灣則是左岸文化出版），均受到西
方學術界和中文學術界的高度評價，我在香港開設的有關文
化大革命的課程，近年來用作主要教材的也是這本巨著。不
過，學術界的高度評價似乎並不帶來高度財運。自從《毛澤
東最後的革命》中文簡體字版問世以後，訪問哈佛大學的中國
大陸政界和學界重要人士——這樣的人挺不少並且還越來越多
呢——，只要有機會面晤馬若德，都會向馬先生索取該書。馬
若德自己掏腰包，多次請我從香港購買書加快空郵。隨著這
次《文化大革命的起源》三卷中文全譯本出齊，馬若德的送書
支出又要上升一個新台階了。我早些年常跟台灣新竹清華大
學最瀟灑的前校長沈君山教授把酒聊天，他說他現在都怕出
新書了，出一本書破一次小財。華人圈子裡人家向你索求著
作，是表示對你作者很看得起，沈先生哀嘆「別人看得起你，
你可負擔不起哇！」如今甚至連我這樣的晚生都有同感了。

「毛主席的預言真靈！」

經常閱讀英文主流報刊的人或許會注意到，自從二〇一二
年年初王立軍—薄谷開來—薄熙來三大主角事變以來，馬若
德就成為國際著名媒體最多採訪的西方資深學者。倒不是由

於他跟重慶市委和重慶市政府領導幹部有什麼特殊關係——
他跟另幾位海外知名的非中華人民共和國公民的教授大不一
樣，從不以自己的學術地位和聲望到中國大陸去及時唱讚歌
更及時撈大錢——，而是因為他的「文革」系列研究為解讀二
〇一二版重慶事變提供了最貼切的背景和深層脈絡。薄、王、
薄谷那一幫領導幹部利用不受法律制約、也不受輿論制約、
更不受道德制約的黑幫式權力，為別人造就了一片紅色恐怖，
同時也為自己埋設了一串烈性炸藥。其中的任何一個環節都
有可能引爆——爆炸是　定的，爆炸的時間、爆炸的地點和爆
炸的方式則是不一定的。因為薄谷一家外加王立軍一夥不但
是以黑老大的方式管治社會、管治民間、管治工商界——這些
都是小菜一碟；他們同時還以黑老大的方式管治重慶的員警
系統、管治重慶的政府系統、管治重慶的共產黨系統，那就
不是鬧著玩兒了。於是，從重慶事變的第一聲鑼鼓報幕起始，
全世界的觀察家們就在等著看好戲。讀過馬若德有關「文革」
研究多部著作，特別是《毛澤東最後的革命》中毛澤東與林彪
等同志的革命交往反革命交手的篇章的人們應該有所意識：
這台戲到了二〇一三年的春天雖然已經上演了一整年，還沒
有演完吶。大家還得熬點夜，說不準就在你犯睏不已、呵欠
連天、上床便倒頭酣睡的那一刻，挺精采的一齣戲又上演了。

　　就在上文提及的香港中文大學的那場專題報告會上，華
人洋人參會者們幾次熱烈發問：像文化大革命這樣的政治風
暴會不會再在中國大陸發生？文化大革命真的要像毛澤東當
年預言的，過若干年還必「再來一次」嗎？大多數發言者都說

「絕不可能」，這時候一位當年在北京是最早參加紅衛兵運動的最高級經理兼嚴肅學者兼公共知識分子的秦博士（我倆因為是革命老戰友座位被安排緊挨著）輕輕在我耳邊笑問：「這兩年給吹得快要上天的『重慶模式』跟文革那一套沒關係？好多文革式的做法這幾年在重慶都復活了！前車之鑒，前面的車還看得見，不遠呢。」報告會後的酒席宴會上，我倆的座位又是挨在一起，我就給他略略數了一數：從一九七八年八月中旬中共中央正式宣布「文化大革命結束了」的時候起到如今，小型的「文革」至少有三次：一九八二年底到一九八三年上半年的「清除精神汙染運動」，一九八九年下半年到次年春季的「嚴打動亂分子和資產階級自由化思潮」運動（當時北京布置這個運動的黨指示：「開展這項工作的目的，就是要通過清查、清理和黨員登記，堅決清除黨內的敵對分子、反黨分子、腐敗分子，消除政治隱患」；清除腐敗分子是忽悠廣大黨員和群眾的，清除其他分子用的則是「文革」式的厲害招數），以及二〇〇九年到二〇一二年春的重慶「唱紅打黑」運動。有這麼三次頗具規模的努力復活「文革精神」的運動，毛主席他老人家若地下有知，也不至於太失望了。

　　毛尤其感到欣慰的，應該是這麼一個極具黑色幽默（更貼切的說法是「紅色幽默」）的事實：重慶「唱紅打黑」運動的領袖人物，其家族乃是文化大革命時期最著名的遭迫害家庭之一。薄熙來父輩及家人在文化大革命中受過「毛家幫」幫規的嚴厲懲罰，但薄家卻繼承了這個幫規。薄一波在一九八六年底和一九八七年初，積極帶頭以這個幫規拿下了胡耀邦的

中共中央總書記一職。薄熙來在他任職的省市部門，更是多次活學活用這個幫規，一直用到他本人倒台那天為止。那天以後，薄熙來及其家人也希望能夠獲得司法公正，海內外搞簽名發呼籲不止。但是，這些人是否想過，如果薄家父子文化大革命以後，一直就按照中華人民共和國憲法和中國共產黨黨章行使權力履行職責——要他們按照國際文明社會的規矩行事是太離譜了，我們不敢——，或許薄熙來、薄谷開來以後不會有牢獄之災。「毛家幫幫規」不可以混同於普通意義上的司法公正，這個淺顯道理，薄家及類似家族的第幾代們——不論他（她）們是就讀於哪個國家的哪所名牌大學——才會信奉而踐行之？不過有一點可以肯定的是，「毛家幫幫規」這把大刀一日不丟棄，它就可能被運用於曾經多次揮舞過它的那些人的脖子上。[1]

還在「重慶模式」如日中天，把無數海內外知名不知名的黃皮膚白皮膚紅皮膚黑皮膚人士誘來競折腰撈大錢之際，我就不識時務地評判，重慶賣力大辦紅歌紅舞紅片紅影紅網紅裝紅書紅評紅論紅家紅族……，表面上紅得發紫的這些現象，雖然把很多海內外觀察員紅暈了眼紅昏了頭，許多人以為操縱者組織者是要重新回到毛澤東時代，我倒不覺得他們是那麼真誠。那些操縱者組織者裡除了被動的以外，主動那麼做的，極少數是真正出於熱愛毛澤東本人，因為這類人成年成熟成功以後，從來沒有以實際行動熱愛過毛澤東，這種真心誠意的熱愛會把他們及其家族所得所獲所搶所撈，全都會給毀了。他們和他們的家族過去也是毛主席的受害者犧牲品，

---

1. 丁學良，〈「毛家幫」式的司法公正〉，《紐約時報》中文網專欄，2012 年 11 月 21 日，首頁。

不至於那麼天真無邪。他們在當今時代把毛澤東請出來，用毛主席本人的話來說，「是借鍾馗來打鬼」，這些「鬼」就是他們的政治對手，更是民間獨立思考為正義為人權而鬥爭的優秀普通中國公民。對付中華人民共和國和中國共產黨體制內的良心良知良行人士，對付中國社會裡的正義民眾，什麼教義什麼教規什麼手段，都比不上毛澤東的那一套立馬見效。

　也就是說，在中國內地鬧紅潮的人熱愛的並不是「毛主席」，而是「毛主術」——毛澤東做絕對人主之法術，那就是對一切不絕對順從毛主的人們「宜將剩勇追窮寇」，對一切中共黨內外的良心之士實行「全面專政」。此點實事求是的唯物主義認識不應被弄昏了，否則，咱們就對不起毛主時代被滅絕了的中共黨內尤其是黨外的優秀分子。他們以生命換來的教訓，不應該在四、五十年之後，就給統統扔進歷史的垃圾桶裡。像薄熙來這樣家庭背景的人，並不是智商低到不可挽救的程度，他們對毛澤東的感情遠遠不是他們公開場合表達的那樣，他們主要是把毛澤東當作一把「大砍刀」。毛澤東一九六〇年代在批判蘇聯共產黨領導人赫魯雪夫的時候講過，「列寧是一把刀，史達林是一把刀。否定了史達林，就等於是丟了一把刀子。」毛澤東在成為中共黨的領袖以後、特別是成為中華人民共和國的最高領導人之後，是一把所向披靡的大砍刀，毛澤東思想則成了對付中共黨內黨外良心良知良行分子最狠最大的一把「刀」。即使是那些在毛澤東時代的曾經受害者們掌權以後，也捨不得放棄這把「毛刀」。

　毛澤東革命遺產的核心部分，就是無情無義無法無天無

悔無愧的對付中國民間、對付自由知識分子、對付中共優秀黨員、對付中國體制內的優秀幹部、對付一切優秀的人類文明成果、徹底摧毀獨立自主精神。對於那些反人道、反人本的人和政治力量來說，毛澤東始終是一顆政治原子彈，具有超級大規模的殺傷力。薄熙來及其同志們最大的不識時務，是試圖在一個對外逐步開放的中國社會裡，重新演試在一個絕對封閉的中國社會裡極其奏效的毛澤東主義法寶。[2]

　　半個多世紀之前，馬若德的老師一輩就對他們這些剛剛入門的研究中國政治的西方研究生說：你們選擇了這個專業，以後幾十年可就有苦活幹了。語言難學、資料難找、關係難建、論文難發、著作難寫，等等等等。不過也有誘人的回報：你把中國政治疏理好幾遍了，有點不耐煩了，突然一切都變了個樣，幾乎認不出來了，於是又摩拳擦掌去探索剛剛湧現出來的神秘和新奇。所以，研究中國政治是永遠不會乏味的。

　　四分之一個世紀之前，馬若德對我們這些研究生也說過類似的話。如今，我對來自西方東方的學生們講著相同的話。

（本文部分發表於香港《蘋果日報》
二〇一二年十月十四日文化專版）

---

2. 丁學良，〈答 BBC 編輯部：他們愛的不是毛澤東本人，而是毛澤東的治民手段〉，倫敦 BBC 海外節目中文網，2011 年 6 月 16-17 日。

反思篇

文化大革命就是形形色色的人
相互報復的革命

一位美國老太太的提問

　　這大約是在一九八七年的暑假，哈佛大學的幾位資深教授（其中包括在西方名學府首開「中國文化大革命」一課的馬若德先生〔Roderick MacFarquhar〕），應邀赴美國西海岸三藩市地區的哈佛校友會作系列學術演講。此乃哈佛的傳統，在校友集中的北美洲的中心城市，每隔一、兩年舉行圍繞一個大專題提出系列報告，以便於哈佛歷年畢業的校友們有機會更新知識，了解他們所關心的那些學科裡正在從事什麼樣的開創性研究。這種知識的聯繫，會引導校友們對母校的捐贈和支持。

　　那一年哈佛校友會三藩市分會的新任會長是位李姓華裔人士，三藩市地區又是美國華人的主要聚集地之一，哈佛大學的教授演講團選取的大主題，因此都是與東亞區域的歷史、政治、經濟、社會和文化的變遷相關的。我當時剛剛通過博士資格考試，鬆了一大口氣，也被邀請進演講團。馬若德教

授要求我以親身經驗為背景，講一講中國的「無產階級文化大革命」：為什麼那場激進得無與倫比的革命，卻導致了共產主義世界迄今為止規模最大的資本主義化革命——鄧小平的市場導向的改革開放？

每個講者只有一小時的時間，一半演講，一半回答聽眾的問題。我以我的初級階段的英語，概略的講了一下我當初為什麼成為紅衛兵中最狂熱激進的一翼的骨幹分子，把本校、本縣、本地區的走資派統統打倒了還不過癮，又殺奔外地，先是到省城去參與打倒省委書記、省長的造反行動，後又不辭辛苦，跑到鄰省的南京去聲援江蘇的革命造反派打倒他們省裡的頭號、二號、三號走資派的壯舉。我還講了我們怎麼編印紅衛兵戰報——我當年最有成就感的革命傑作之一，便是用十九世紀的老式鋼板、鐵筆、蠟紙，手刻出小報的「原版」，以手推滾筒的技術，每張蠟紙「原版」油印出一千幾百份的紅衛兵小報，與全國各地的紅衛兵組織交流。我還不忘記強調，「文革」是我輩一生的首次、也是一生中最豐富深刻的一次政治訓練。懷存由「文革」學來的經驗教訓，你不但可以在中國政治風暴裡潛下浮上、死裡求生，而且可以在異鄉他國的政治濁流中辨風識潮、進退自保。

我的話音剛落，坐在聽眾席前部第三、四排右邊的一位六十出頭的清瘦高挑的白人老太太站立起來，用緩慢有力、一字一頓的語氣向我發問：「根據我從書籍、報刊上讀到的，從電視、電影上看到的，中國的文化大革命使數千萬的人受迫害、數百萬的家庭喪失了親人、無數的學校和文化遺產被

毀壞，人類文明史上很少有幾次政治運動，破壞規模能夠比得上中國的文化大革命。我又讀到聽到，所有那些破壞人的尊嚴和生活、搗毀文化和教育的激烈行動，都是由毛澤東的紅衛兵組織當先鋒隊的。令我不理解和驚訝的是，你作為一個紅衛兵參與了那些激進活動，如今已經來到美國，進了我們國家最好的大學讀博士學位，竟然至今你不為你們在文化大革命中的所作所為感到懺悔。你在談論你們當年從事的造反運動的時候，甚至有自豪的語氣。我真為此感到非常困惑！」

老太太問完，並未立即坐下，立在那兒好幾分鐘，大概是胸中怒氣難消，凝視著我，示意她是在等候我的答覆，頓時全場氣氛凝重。我雖然被她重炮轟擊質問，但她一臉正氣，儼然是為不在場的千千萬萬「文革」的受害者們仗義執言，我也不好把她的嚴詞質問當作是對我的人身攻擊。於是清清嗓子，禮貌地作了應答，大意是「文革」整體雖然是件大壞事，但「文革」中被批鬥衝擊、皮肉受苦的人並不全然是無辜的好人。他們中的許多人曾經無法無天地騎在老百姓頭上稱王稱霸、作威作福，造反派在「文革」中對他們的批鬥體罰，很大程度上是受害者的藉機復仇洩憤，雖然也不合法，但是有正義性，云云。

我所應答的，確實是我想說明的一個大道理，可是當時就覺得沒能把這個道理說透；沒說透，是因為沒想透。自那以後，每逢與人討論起關於「文革」的評價，我總是想起那位正義凜然的美國老太太，而我也老是不能忘記，當時她顯然並沒有信服了我的解釋。這麼多年來，我時不時地在腦子裡

點擊那個問題。我也特別注意到曾經參與「文革」的海外人士中，有兩個同我的觀點很接近——楊小凱與劉國凱；這兩位關於「文革」的主要評論，都列入我開的「中國文化大革命——激進學生運動的比較」課程的學生參考讀物中。他們兩位都堅持對「文革」中的一些造反行動的原則性肯定（這一點使人易於誤認為他們是「極左派」立場），他倆同時又堅持對毛澤東「文革路線」的徹底批判（這一點又使他們與所謂的中國「新左派」、「極左派」涇渭分明）。

　　事過多年，我倘若再面對那位美國老太太的問題，會這樣向她解說：中國的文化大革命是一場各種人報復各種人的亂糟糟的大革命——說它亂糟糟，是因為一個本來就沒什麼法制的巨型社會，又讓一個自稱「和尚打傘、無法無天」的毛皇帝把他平時管治民眾的官僚體系踩得稀巴爛——其中有壞人報復好人，有好人報復壞人，有壞人報復壞人，也有好人報復好人（這四類經典分法的出處下文有交代）。當然這四種類型的報復所占的比例不一樣：似乎壞人報復好人的，最終要遠超過好人報復壞人的，而其他兩類報復的比例更小。所以親身經歷過「文革」的，每個人都有自己的「文革」，它都不同於一般化了的（generalized）「文革」，不論這「一般化」是出哪一個政治立場（中共官方的也罷，中共官方對立面的也罷）做出的。

「永世不得翻身」

我已經記不清是一九六七年上半年至一九六八年上半年的哪一段時間的哪一天，我的母親——她從來不理解我做的事情，但從來為我擔憂不止——悄悄的問我：敬亭山（就是李太白所詠的那座「相看兩不厭，惟有敬亭山」的皖南山巒）國營農場的張書記的老婆想來看看我，不曉得我給不給她一個面子，接見她？

母親老老實實轉述的這句話，令我觸電般一震之餘，感到天下真是變了！毛主席親自發動和領導的文化大革命，讓我們人下人翻身一躍成了人上人。我這個十幾歲的未畢業的初中生，憑藉一枝筆（文章和大字報）、一張嘴（演講和大辯論），成了本地紅衛兵的文攻主將，整個一大派造反組織的風雲人物。這「糞土當年萬戶侯」的革命小將凜凜威風，竟也令張書記的老婆低聲下氣的求見！「文革」以前，張書記在縣城十多里開外的敬亭山麓下，可是令男女老少聞之喪膽的名字。他領導的那個大農場，是這片頗為貧瘠的黃土地上數千農場工人及其家小（其中包括母親和我）謀生的亦農亦工的國營單位。聽說張書記當過解放軍裡的副營級幹部，見過外頭的大世面，也識得一些字，對他手下那些多半為文盲半文盲的農場工人和家屬，根本就把他們當作農奴加以管教。張書記走夜路時清清喉嚨隨便咳嗽一聲，周圍原本汪汪叫的狗們也會嚇得四處逃散。

在全農場裡唯一不怎麼怕張書記的，是位高副場長。高副

場長也當過兵，是連級幹部，但他在「抗美援朝」的惡戰中被美國兵一槍打壞了一隻睪丸（即在台灣頗為有名的「LP」）。他算得上是一位革命的浪漫主義者，一旦為什麼事極不順心，就會拎著瓶燒酒，爬上辦公室或者自己家的屋頂上（都是比較高的一層茅草大屋），坐在那兒邊喝酒邊罵人：罵缺德的美國兵哪兒不打，專朝他的命根子打，害得他成了半條漢子；罵某某同事（多半是農場領導班子成員）不尊重他這個老革命，欺負他大字不識一個，給他鳥氣受；然後就是向黨組織提訴求，要「賠老子一隻卵蛋」。那年頭的共產黨並沒有掌握先進的生物工程技術，哪來活生生的「卵蛋」賠他？張書記對他也只好讓三分。農場裡的任何其他人，都缺乏高副場長那樣的革命履歷，對張書記和對他家養的那條大狼狗一樣，畏懼之極。

大約是在一九六二年的夏初，農場由上級部門分配來一架模仿蘇聯型式的小麥收割機。巨大的木鐵結構的收割機停放在露天的曬糧食的場地上，對我們這些從未見過現代化大型農機的鄉下孩子來說，不亞於是侏羅紀的恐龍再現。孩子們圍著收割機又是看又是摸，膽子大的甚至爬上駕駛座，裝模作樣地扶著方向盤。夕陽西下的初夏的熱烘烘的曬場上，孩子們興奮過了頭，竟然沒有注意到下班路過的張書記。張書記一見到他視為無價之寶的嶄新的收割機旁竟然圍滿著小孩，小傢伙們竟敢對收割機又是撫摸又是攀爬，怒不可遏，大喝一聲，撲將過來。他有條腿不太好，平時走路，手裡常撐著一根木拐杖，時不時地也可以用來揍職工兩下。這當兒

那根棍子被充分地利用，孩子們被揍得哇哇鼠竄。

這群孩子裡數我個子最瘦小，而且我也不喜歡玩動手動腳的物事，全因為我手腳明顯的笨拙（往後長大了才知道那是小腦不甚發達的緣故）。別的孩子圍著收割機動手動腳，我只是站在一邊看熱鬧；張書記用棍子揮擊孩子的時候，我趕緊躲到遠遠的大草堆旁，還是看熱鬧。張書記沒去追逐孩子，轉身回來察看收割機，大叫一聲短缺了什麼東西。抬頭看見我站在草堆旁，喝令我走過去，問我是誰擰下了那只大螺絲帽子？我搖頭說不曉得。張書記不由分說，揪住我的一隻耳朵就往他的辦公室拖。一邊拖，一邊斥罵：「你們這幫小雜種，敢碰我的收割機。一只大螺絲帽幾十塊錢，你們拿小命來抵也抵不了。」他的辦公室離那塊曬場有一、兩華里之遙，中間還隔著一個小山坡。我的左耳被他緊緊擰著，跌跌撞撞地跟在後面小跑。開始的時候左耳根的劇痛還令我哼哼嘰嘰地哭叫幾聲；漸漸地，耳根麻木了；又漸漸地，左半邊臉也都麻木了。被他拖拽到辦公室後，他讓我靠牆站著，命令勤務員傳話到養兔隊去叫我的母親來訓話。

兔子養殖隊是國營農場下屬的一個小分隊，距離農場總部辦公室也有幾里地，張書記不耐煩再等下去，他拖拽著我跑了那麼遠，也累了。於是叫勤務員看管著我，自己先回家去歇氣乘涼。等到我母親從養兔隊跑來，我已經在張書記辦公室裡背靠牆根坐在地上半睡著了。母親看著我腫了半邊的臉，紫紅的成了一條線的眼睛，渾身的灰土和草葉，拖破了的膝蓋結著血痕，不知道發生了什麼天大的事。張書記的勤

務員交代了幾句，就讓母親把我先領回去，說扣工資賠螺絲帽的事明天再處理。母親問我事情的原由，我說我沒碰過收割機。母親把我渾身上下一搜，果然沒有什麼螺絲帽。看著我腫得像爛南瓜一樣的臉面，母親眼淚一把、鼻涕一把地牽著我回家了。

　　那個初夏的夜晚原是很靜美的，敬亭山農場坐落的丘陵地帶有成片成片的桃樹，馬上就能收割的麥子散發著暖烘烘的、有點叫人頭暈的野香。天空清藍，月亮跟星星離我們都很近，收工回來的鄰邊的農場工人家裡冒著炊煙，把茅草的薰味播送到近近遠遠的四處。母親沒有生火做飯，她給我泡了一碗鍋巴，自己到屋後的草地上去哭訴。我對此已經習慣了——恐懼地習慣了。自從父親三年多前病逝以來，每逢遭遇到自己沒辦法對付的難事，母親唯一的去處，便是到亡父的墳頭上（如果路近的話）或者一片四周無人的荒地上，去跟父親的亡靈哭訴。母親相信父親在地下能聽得見她講述的一切，所以哭訴得實實在在、仔仔細細。末了她一定會埋怨父親為什麼把這樣重的一副擔子推給了她，讓她這麼一個一字不識的沒用的人活在世上，照看他的唯一的骨肉（指我）？為什麼不讓她去頂替了又識得幾個字又有一份正式工作的父親去死？老天為什麼瞎判人的生死？

遠眺敬亭山山景，一片蒼涼，比不上當年李太白遊山的勝景。文革結束了，我們被下放農村了。

　　第二天母親開始收拾東西，稍微有點用能帶走的，打起包；不能帶走的，送給了四鄰。幾天以後，母親領著我離開了國營農場，又開始了幾近討飯的生涯。兩年多以前，我們母子倆就是從幾近討飯的境地來到這家農場的。在母親送四鄰東西的時候，鄰居勸她不要捨了農場出走，這裡好歹有一口雜糧糊飽肚子。母親說她曉得，三年大饑荒剛剛熬過，誰還敢看輕了有口雜糧吃的日子！可是母親有她的擔心，對鄰居說了，大家也無言以對：「我孤兒寡母，張書記要你的命，你也只好給他。小歪頭（我在鄉下時的別名）大大──金寶圩的土話，即『爸爸』──只有他這個親骨肉，臨死的時候託付了我，做牛做馬也要把他帶大。待在農場裡張書記把這孩子打成殘廢，我也沒的地方去告狀。」

　　誰也想不到的是──這不是套話，真是任誰也想不到──不過五、六年的光景，張書記的老婆竟然哀求我接見她！母親一輩子受人欺負，對所有的落難人都一律同情，要我趕快答應下來。接見是在宣城北門的一間賣豆腐的小店鋪裡進行的，是在一個陰冷的冬日的上午。人高馬大的張書記老婆不但自己來了，還帶來了她的大女兒和小兒子，讓我看在她孩子們的份上，幫她家說句話。「你曉得，」她說，「老張他死了。」她挽起破爛的外衣下襬擦擦眼睛，雙眼完全失去了光彩，往日裡令農場大人小孩不敢仰視的又冷又辣的光彩。

　　張書記的死訊我也是得悉不久，據說──我在這翻天覆地的「文革」高潮風頭上，忙得根本顧不上去敬亭山農場──他是被農場造反派連連批鬥而病死的。造反派們對這位走資派

施加了比對其他的走資派酷烈得多的懲罰：給他戴的高帽子特別高，頂著這麼高的帽子遊街示眾，一不小心掉下來，就會挨耳刮子。有時候給他掛的牌子是用特別厚重的木板做的，鑽兩個孔，細鐵絲穿過去，掛在脖子上，批鬥會開兩、三個鐘頭下來，頸子的皮肉都磨破了，滲出血滴。天不冷的季節，還會罰他穿一條單褲跪在尖細石子地上，向所有受過他種種欺壓——辱罵、捆綁、關押、毒打——過的農場工人和家屬們請罪。張書記剛開始的時候還嘴硬氣傲，不主動向他往日視同農奴的下屬們下跪請罪，造反派就強按著他的腦殼，一腳橫踢他的內膝，便撲通一聲倒地。幾次下來，他就學乖了，要他怎麼跪就怎麼跪，要他怎麼罵自己就怎麼罵。據說他的血壓與日俱增，人瘦得像根枯藤，可面容浮腫。那個寒冷的冬大他沒能挨過，「翹辮子」了。

「老張他以前迫害革命群眾太多，民憤極大，死有餘辜，我們全家堅決跟他劃清界限。」張書記老婆像背書一樣熟練地說著那個年頭無數的黑幫、走資派的家屬都不得不說的話。「不過，」她的眼淚又淌下來，「他死後的喪事，我們家請求造反派按照毛主席的政策辦。」原來，農場造反派得知張書記死了，不讓他的家屬立刻入土安葬。據說造反派頭頭們為此專門開了會，做出革命決定：把張書記家那條咬過許多農場職工和家屬的大狼狗給打死，與張書記合埋一個土坑，潑上豬血人糞，這叫做「惡狗伴惡人」。

在那一片鄉村，按照代代相傳的信念，一個人死了若是與豬、狗之類的畜生同葬，又潑上血糞汙物，死者就永遠不

得轉世為人，而會一輪一輪作豬狗，死者的子女後代也永不得好運，像豬崽狗崽一樣卑賤，任人宰割。文化大革命中每天都呼喊的一句口號：「把某某某（走資派的名字）打翻在地，再踏上一隻腳，叫他永世不得翻身！」敬亭山農場的造反派們古為今用、推陳出新，要用這個葬法來具體落實「叫他永世不得翻身！」的革命造反判決。張書記老婆就是為這事來的，她求我去跟農場造反派頭頭們說說情，不要讓張家的子女後代因為張書記生前的作孽而落到永世不得翻身的境地。張書記老婆說著說著，就要讓她的女兒和兒子對我下跪哀求，我母親立時擋住了，說我一個孩子受人跪拜，會折陽壽的。張書記老婆馬上補加一句：小丁（她不敢再以我的鄉下別名稱呼我）也受過老張的迫害，不過小丁是毛主席的紅衛兵，革命小將，心大志大肚量大，不會計較過去的事。所以來請丁小將出面打個招呼，讓農場造反派手下留情。

我鐵著臉，沒表態。張書記老婆說到這裡，給我母親低頭深深彎腰一鞠躬，帶著兩個孩子退了出去。母親問我出不出面講句好話？我莊嚴的告訴母親：這不是張家跟我們家之間的私事，這是革命造反派和走資派之間的鬥爭大事。最終，我也沒有去和農場的造反派替張家講情；我不迷信，並不相信張家的子女後代會因為張書記與狗同葬而淪入萬世不劫的厄運，不過我認定惡狗伴惡人下土坑的葬法，乃是革命的正義的行動。

「五湖四海戰鬥隊」

在皖南宣城、郎溪、廣德的丘陵和山區一帶，有多個勞改和勞教農場，那些多半是一九五○年代末尾建起來的，主要是收容和關押從沿海地區及本省各地押送來的犯過小罪、判了輕刑的所謂「壞分子」。犯過大罪、判了重刑的，就不會關在我們那兒，而是送到青海、甘肅、新疆去了。

一九六七年上半年，文化大革命的風暴開始衝擊到了「公（安）、檢（察院）、法（院）系統」，勞改和勞教農場都是它們管轄的，也隨之亂了套。管教幹部多半成了被批鬥對象，被管教的勞改和勞教人員就趁機逃離囚韁之地，跑到自由社會上來。他們中的一部分膽大之徒甚至成立了造反組織，通常起名叫「五湖四海戰鬥隊」——這隊名乃是對毛主席著作活學活用的產物，毛的小冊子《為人民服務》裡有段名言：「我們都是來自五湖四海，為了一個共同的革命目標，走到一起來了。」逃離囚籠的勞改和勞教分子自稱為「五湖四海」，是雙重意義上的誠實：他們來自五湖四海，是從各地被抓被押運來的；他們從今以後流竄五湖四海，哪兒能混日子，就到哪兒去。他們把毛澤東的游擊戰術學得也挺道地：打一槍換一個地方，讓你逮他不著。想來這也自然，千百年來的綠林強人，包括水滸梁山好漢和毛澤東當年率領的游擊隊，都是靠這方法謀生存的。

五湖四海戰鬥隊中的一部分，原本就是因為小偷小摸、拐騙欺詐、調戲婦女、破壞公共財物而被抓被關的；在關押

期間，少不了承受管教幹警的打罵，於是把歷年所有積壓的憤恨，都及時地在五湖四海戰鬥隊的大旗下發洩出來，報復正常的人們。他們當然不敢去攻擊有武裝有組織的軍隊和造反派團體，也不敢到城市來搗亂，就專揀偏遠的鄉村去騷擾農民，搶劫財物、屠殺牛豬、調戲民女，乃至縱火焚燒老百姓的房子，都幹得出來。被多次騷擾的偏僻鄉村，有些就沿用中國歷史上兵荒馬亂年頭的辦法，自組民團保衛家園。每個村莊都設立了瞭望哨，一發現有五湖四海戰鬥隊流竄而來，就吹號鳴鑼，周邊鄰近村莊的民團便趕來接應。雙方的武器，多半也就是長矛大刀、鳥槍土炮。偶爾有被民團活捉的五湖四海戰鬥隊隊員，他們就捆綁來送到城裡的駐軍部隊。在三縣兩省互不管的地帶，民團活捉到五湖四海戰鬥隊的，往往就動用私刑來報復他們。我們聽到的最駭人的一件，是宣城和鄰縣交界處的山區裡，民團把在當地屠殺耕牛、洗劫孤立小村子的五湖四海隊員抓獲，就將他們「栽」進麥地裡，只露出肩膀以上在地面，然後把耕牛套上犁，鞭抽牛耕耘而過，幾個來回，露出地面上的幾顆腦袋就被犁得乾乾淨淨。用這個辦法報復五湖四海戰鬥隊，是為日後萬一上面有官追究責任，好脫干係，村民中無人可被明確認定為「動手殺了人」。

一九六八年夏末秋初的一天下午，我們正在本派武鬥大本營區域的一個小院落裡休息——白天休息，是為著準備夜間打仗——突然院門外哨兵通報有貧下中農代表來求見。進來的五、六個農民訴苦，說他們那一帶久經五湖四海戰鬥隊的侵擾，好不容易把民兵組織起來跟他們打了一仗，俘虜了一個

人，綁交當地人民解放軍，部隊卻拒收。拒收的理由也說得過去：部隊沒有監獄，把俘虜關在哪裡？部隊一接到命令就得開發，帶著個五湖四海分子，又怎麼辦？貧下中農代表說：這年頭他們最相信的人就是毛主席親自領導和指揮的解放軍，和毛主席的紅小將。既然解放軍不接收，只好請紅衛兵小將們處理俘虜了，你們最懂毛主席的路線政策！

貧下中農代表把捆成一團的俘虜往地下一丟，就告辭走了。當時在院子裡負責那一支武衛小隊的，是白大舌頭。他出身農家，忠厚耿直，嫉惡如仇，聽說俘虜是一個為害鄉下農民的小土匪，就喝令立刻升堂審訊。審訊犯人得要有法律上的依據，紅衛兵小將們雖然狂妄透頂，也多少曉得這個道理。白大舌頭的武衛小隊商量了一下，拿不出個主意，也讓我們文攻小隊的成員過去參與討論。討論的結果是：「最高指示」就是法，毛主席最高最新指示裡哪幾條能對得上號，馬上就運用起來。紅司令沒讓他的紅小將們失望：《毛主席語錄》小紅書裡能在這場合用上的，有好多條，比如，「凡是反動的東西，你不打，他就不倒。這也和掃地一樣，掃帚不到，灰塵照例不會自己跑掉。」「如果他們要打，就把他們徹底消滅。……消滅一點，舒服一點；消滅得多，舒服得多；徹底消滅，徹底舒服。」「必須懂得，沒有肅清的暗藏的反革命分子是不會死心的，他們必定要乘機搗亂。……不管什麼地方出現反革命分子搗亂，就應當堅決消滅他。」

「無產階級革命造反法庭」──這是紅小將對他們臨時組成的審判機構的命名──由白大舌頭擔任審判長，他挑選了他

信得過的幾個人作助手，基本上全是武衛隊的隊員。俘虜像一個大濕泥團，歪歪斜斜的半躺在地上。審判開始的時候，我不得不趕到本派總部所在地縣麵粉廠大樓去，負責明天清早就要印出來的《戰報》上「血淋淋的戰鬥檄文」——那是我的本職，每天夜裡都要紅著眼睛幹到兩、三點鐘的革命事業。第二天中午吃過飯回到那間小院子去睡大覺的時候，一進門就發現與平時不大一樣，氣氛壓抑，遇到的人都不怎麼說話。一問，嚇我一跳：出人命了！

昨天傍晚的審訊進行了兩個來小時，俘虜供認了很多：他原來是勞改農場刑期未滿的「壞分子」；在五湖四海戰鬥隊裡擔任小囉嘍；曾經參與過多起搶劫農民財物牲口的行動；那一次放火燒村民房屋是不得已，因為人少打不過貧下中農自組的防衛大隊，情急之下爬到一家茅草屋頂上，掏出火柴吆喝威脅：「你們再不退到遠遠的我看不見的地方，我就點火燒屋了！一盒火柴二分錢，燒你幾十間！」農民自衛隊沒後撤——他們哪個敢撤？所有的動產不動產全都在村子裡哪！

俘虜說，他見不動點真的嚇不走農民，就劃著了一根火柴，朝茅草屋頂湊去，邊湊邊吆喝：「我真要燒啦！」誰知夏末秋初的天氣，茅草屋頂讓烈日烤得脆乾，那根火柴還沒有碰上屋頂，就「騰」地燃燒起來。俘虜說，他嚇得一滾身摔下屋頂，躺倒在地爬不起來，被生擒活捉；十幾間茅草屋立時就燒塌了。俘虜的供詞畫了押，「無產階級革命造反法庭」再一次請示了「最高指示」，毛主席《對鎮反工作的批示》（一九五〇年十二月十九日至一九五一年一月十七日）早就教導說：「對

鎮壓反革命分子，請注意打得穩、打得準、打得狠，使社會各界沒有話說。……所謂打得穩，就是要注意策略。打得準，就是不要殺錯。打得狠，就是要堅決地殺掉一切應殺掉的反動分子。」縱火燒掉那麼多貧下中農房屋的監獄逃犯，當然屬於「一切應殺掉的反動分子」之列。於是自封的「法庭」審判長審判員們一致投票，判處被俘的五湖四海隊員死刑。

　　死刑宣判了，可是執行卻成了問題：紅衛兵小將們敢於判決——那是抽象的殺人，卻不太敢去執行——那是具體的殺人。日後上面追查起來誰出頭露面去負這個責任呢？這個關鍵時刻，我們紅衛兵武衛隊的總頭目「大肚子」回來了，問清了前後緣由，把白大舌頭一夥人痛罵了一頓：「你們這幫蠢貨，為什麼攬這種事？解放軍都不接收，你們充什麼大頭？你們以為農二哥（那年頭叫工人老大哥，農民老二哥）自衛隊都是老土？他們就是不願把這種殺人的麻煩事做到底，才把這個爛西瓜捧到你們手裡的！」白大舌頭他們被罵開了竅，發現這個爛西瓜真正是不好收拾了：你不能把他給放了，放出去他再搶劫縱火甚至加倍報復村民怎麼辦？你也不能把他給斃了，你畢竟不是國家正式的法庭和行刑隊，槍斃犯人跟武鬥中互相開槍亂打是不一樣的。你把他往哪兒送呢？「公檢法」機關已經被打倒了，那裡早就沒人上班了。想不出個好辦法，他們只好把俘虜捆綁在院子中間的那棵大樹上，怕他半夜裡跑掉，手腳都給粗繩子打了死結。

　　開始的時候，俘虜還哼哼唧唧的，叫「痛啊，痛啊」。紅小將們餵了他幾口水，又灌了他一點稀飯，就把他擱在那兒

了。第二天早上七、八點鐘紅小將們醒來，發現那俘虜不吭不唧的、軟軟的靠在樹上，很慶幸他半夜裡沒有逃掉。過了一陣子見他還是沒動靜，也不要水要飯，就納悶的過去察看。湊近一看，人已經沒氣了。

「死人啦！他死啦！」所有的人都被這叫喊驚動到院子裡，望著那具死屍，束手無策。請示過本派大本營之後，紅小將們還是去把當地駐軍的代表纏過來，把前前後後的緣由說了一遍，做了筆錄，然後把那具死屍埋葬了。部隊來的一位軍醫（他臨時充當了法醫）說，那五湖四海隊員早就讓農民自衛隊給打得半死了才送過來的，而且好像是包在厚麻袋或者破棉被裡狠打的，所以不怎麼露外傷。農二哥們很精明，把這個麻煩輕易地拋給了革命小將。

一年多一點以後，武鬥息止了的宣城，置於全面的軍事管制之下，白大舌頭被軍事管制委員會下令逮捕，罪名是非法設立法庭、打死一名遊民。白大舌頭被關押了將近一年，其間他的可憐的父母家人為他四處奔波，找證人寫證詞，證明那名遊民其實是非法逃離勞改農場的犯人，證明他逃出來後還累累為害鄉民，證明那逃犯其實不是白大舌頭動手打死的，證明當時解放軍的兩名幹部還到場察看了五湖四海隊員事件的處理。近一年之後，大約是在一九七〇年的年尾，白大舌頭被釋放。是無罪釋放？不是。是帶罪釋放？也不是。在既非「有罪」也非「無罪」的含含糊糊的背景下，白大舌頭日後好不容易找到一份賣力氣的活，養家餬口。

在白大舌頭被捕、坐牢的關頭，足智多謀、同時也是主要見證人之一的大肚子也幫不上忙，因為大肚子自己也落了難。他三次被莫名其妙地抓捕，三次被莫名其妙地釋放（邪門的是，他每次被捕，我都在場）。在看守所裡，他禁受了各式各樣無產階級專政的折磨，包括大熱天正午烈日下，頭頂一盤水跪在水泥地上「反省」，水盤翻倒了就再加一個鐘點；把他的一隻手同另一個犯人的手鎖在一起，讓他們吃、睡、拉、撒都難伺候自己；二十四小時對他的「號子」（即小間牢房）播放高音喇叭，或者二十四小時在他的號子裡亮著五百瓦的大燈泡，讓他發發神經病。

大肚子反反覆覆被抓被放，也是宣城的專政部門趁心跟他玩「貓捉老鼠」的把戲：明明搜集不到他該坐大牢的證據——他雖然是我們紅衛兵的武衛隊大頭目，不過並沒有親手打死、打殘過人，也就是沒有血債、沒有債主——但卻恨透了他，要讓他嘗嘗「沒有終結的恐怖比恐怖的終結更恐怖」的滋味。此乃是因為「公檢法」系統在一九六六年夏至一九六七年冬期間，是屬於對方保皇派陣營的，經常被我們這一派衝擊，幾個主要的幹部也被我們戴高帽、掛牌子、遊街和批鬥過。用他們日後私下裡的話說，「我們專政系統的人，從來沒有給人當猴子玩過，你玩我，能讓你白玩？等到老子收拾你的那天，就要你大開眼界了。」

說白了，還是報復：被毛澤東「革命無罪，造反有理」的號召鼓動了的造反派造過反的「專政機器」，同樣憑著毛澤東的「我們的專政工具不能削弱，還應當加強」的號召，報復那

些造了他們的反的造反派頭頭。一九六九年下半年宣城處於軍事管制之下，老「公檢法」系統的幹部就專司臨時看守所——一處位於宣城北門長街中段的大院落，四周高高的、憂鬱的灰磚牆，那裡成了我們眾多紅衛兵頭頭和骨幹分子的「學習班高級階段」。「學習班」是「毛澤東思想學習班」的簡稱，是毛式政治智慧的精妙體現——不循任何法律程序把人抓起來、關起來，進行期限不確定的心理的、肉體的多維度懲罰，而又不冠以「監獄」的惡名。

在宣城水陽公社參加學習班期間，攝於塔亭之間的河旁。這一片曾是孫權東吳養馬場。

「學習班初級階段」的所在地，便是我們宣城中學第二教學大樓的樓下大教室，可以容納二三十張上下鋪雙人床，我們這一派紅衛兵的頭頭和骨幹分子四十多人，都住、吃、「學習」在裡面。「學習」的內容就是每日每時沒完沒了的檢查交代：在過去的兩年武鬥期間，有沒有打砸搶抄抓、衝擊軍事禁地、搶奪槍枝彈藥、劫取國家機密、組織大規模武鬥、殺人放火放毒？其實所有的人都知道，所有這些都是毛主席和他的親密戰友們——特別是林彪和江青——前兩年號召我們幹的，現在又反過來對我們秋後算帳。

　　每天清早我們就得起床、點名、排隊、上操，然後就是一整上午、一整下午外加夜晚幾個小時的「學習」。每隔兩三天，通常是上午十點來鐘或者下午三點來鐘、正值我們學習班成員精力充沛之際，就會有軍事管制小組和看守所的軍警人員來到我們學習班門口，學習班的班長——實為監管我們的人——一聲緊急集合口令，學習班成員們必須放下手頭的所有東西，跑步出教室來到樓前的小操場上排列成隊。這時刻從看守所來的原「公檢法」幹部就從口袋裡掏出一張紙，大聲地、緩慢地念到：「根據偉大領袖毛主席『不管什麼地方出現反革命分子搞亂，就應當堅決消滅他』的最高指示，經過縣無產階級專政部門的查證，報縣軍事管制領導小組的批准，特此宣布對壞頭頭（或打砸搶抄抓骨幹分子）某某某實行隔離審查。」此時立刻就會有如狼似虎的三、四個「公檢法」人員搶進我們的行列，抓住被點名的那個人的頭髮，反扣他的雙手在背後，推搡出行列。扭轉他的身子，面朝向我們，來的警員拎起手中的紅白相間的一公尺多長的大棒，一個橫掃將他擊跪在地，戴上手銬。與此同時學習班班長帶頭呼喊口號：「坦白從寬，抗拒從嚴！頑抗到底，死路一條！」震天的口號聲中，人被跌跌撞撞的帶走。

　　所有這套程序，對我們紅衛兵小將實在是太熟悉了，熟悉到黑色幽默的極致高度。在過去的兩年多裡，我們每天每日就是用這樣的程序對走資派們（包括那些「公檢法」系統的頭頭腦腦）作革命專政的——當時稱之為「颳十二級紅色颶風」，或「紅色恐怖」；現在對我們這幫紅色恐怖的先鋒部隊實施同

樣顏色的恐怖，一點不改，一絲不苟，真是妙極了！我們學習班開辦之初，有四十餘人；就這麼每隔兩、三天被提走一人，誰也不知道人被提走的詳細緣由，誰也不知道提走以後會發生什麼，誰也不知道誰將是下一個被提走的——沒有終結的恐怖，遠勝過恐怖的終結，法國大革命陰影下的雨果之言，不虛矣！

一個半月的「毛澤東思想學習班」辦到末尾，我們「學員」裡面少了十幾個人，剩下的每個人少了十幾斤肉。我們那一幫人對中國政治、對毛澤東的思想和實踐、對文化大革命的實質之悟察洞悉，在「學習班」期間有了突飛猛進。

還是江青說的到位

真正把文化大革命發動者的深層動機和這場革命自身內在的動力學一語點破了的，還是江青。她在「文革」一開始，就著手系統地迫害那些一九三〇年代在上海演藝界比她有名、有錢、有地位、讓她吃過肉體或精神虧的男士女士們。演藝界裡她最想幹掉的人之一，是孫維世；孫是周恩來的乾女兒，中共那一代裡有名的美女和才女。她非但了解江青一九三〇年代的底細，瞧不起江，而且據說一九四六年孫剛從蘇聯留學回國後，便被毛澤東看中且染指，是江青的多重意義上的敵人。一九六七年秋天武鬥高峰上，江青對林彪的夫人葉群說：「現在趁亂的時候，你給我去抓了這個仇人。你有什麼仇人，我也替你去抓！」孫維世於是被葉群動用空軍部隊秘密抓捕關

押，一年後不明不白地慘死獄中。[1]一九六六年七月二十八日，江青在北京的一場大會上評說：「我們不提倡打人，但打人也沒有什麼了不起嘛！」「好人打壞人，活該；壞人打好人，好人光榮；好人打好人是誤會。不打不相識。」林彪對此進一步展開：「壞人鬥壞人，這是『以毒攻毒』。」[2]

這兩位對「文革」中各色人等相互打鬥報復的精采評說，大概都是摸透了毛澤東的心路思路。一九六六年北京和全國的「紅八月恐怖」的廣泛打人狀況傳到毛那兒後，毛的議論便是：「黨的政策不主張打人。但對打人也要進行階級分析，好人打壞人活該；壞人打好人，好人光榮；好人打好人誤會。」[3]當時官方檔案稱江青為「文化大革命的旗手」，稱林彪為「毛主席最好的學生」，真不是拍馬屁；他們兩位對毛發動「文革」的心機和動機，確實理解得格外準確。

革命就是報復

我終於達到「革命就是報復」的普適性的理智認識，要歸功於一條後來查無實據的新聞報導。一九八九年六四慘案之後的頭一、兩個星期裡，各種各樣的謠傳飛滿天下。某一日我從美國的一家英文媒體上讀到，四川、重慶赴北京遊行示

1. 參閱《歷史的審判——審判林彪、江青反革命集團案犯紀實》（北京：群眾出版社，2000年4月再版），上冊，頁285-301。張朗朗，《孫維世的故事》（浴火鳳凰：http://chinatown）。

2. 王年一，《大動亂的年代》（開封：河南人民出版社，1988年12月版），頁74、268。

3. 據紅衛兵1967年編印的《毛澤東思想萬歲》（未正式發表的毛澤東言論集）第二卷，頁204。

威的大學生們被從天安門廣場清場趕出京城後，悲憤於他們的同學和平請願卻挨殺被捕，立志要報仇雪恨，於是星夜趕回四川，欲去鄧小平的故鄉廣安挖掘鄧家的祖墳，這麼幹的理由是：「你老鄧下令殺大學生，讓別人家斷子絕孫，我們也要刨你的祖墳，讓鄧家斷子絕孫。以眼還眼，以牙還牙。」

這條報導寫得有聲有色，令人讀來始而血脈賁張，繼之毛骨悚然——到了二十世紀的末尾，中國統治集團中最具世界視野和大歷史感的改革總管鄧某人，與中國社會裡思想最激進、最渴望政治自由的大學生，在血仇報復這一點上，卻是那麼的心心相印！

以後的幾個星期裡，我一直密切關注著英文中文媒體對這條消息的追蹤報導；奇怪的是，猶如石沉大海，再也沒有了音訊。我揣摩，那篇英文報導，當是洋人記者基於在中國的現場採訪參加學潮的大學生而寫成，因為那種刨祖墳報仇雪恨的觀念是典型的、道地的中華傳統的，非洋人所有。發了那種豪言壯語的大學生，可能說時有意，到了行動的時候或許就沒了膽；或者有膽量也沒機會——鄧家祖墳乃是龍脈所在，豈是不設防任你外人可進可出可動土可移石的？

把所有這些可能性考慮進去，仍然改變不了那篇報導所透露出的歷史深層訊息——革命就是報復。文化大革命中千千萬萬普通的中國老百姓乃至社會底層的賤民們，利用了紅色始皇帝毛澤東「對走資派造反有理」的聖旨，報復了自一九四九年十月以來一直騎在他們頭上作威作福的紅色官僚特權階層（此前，任何這類犯上的言論和行動，都會遭到及時的鎮壓）。

鄧小平作為這個階層的最高首領之一，不但自己丟職喪權、
受了諸般凌辱，他的基本上無辜的大兒子也被折磨成終身殘
疾。一九八九年五月底至六月初，鄧小平報復了膽敢再一次
要掃除官僚階層的制度性特權的大學生——在他們的口號和行
動上，鄧看到了二十多年前把他打倒了的那幫紅衛兵和造反
派的幽靈再現。[4]

旁觀者清

　　一九八九年底至一九九〇年初的那個冬天，我在哈佛文理
研究生院宿舍的原來同樓層的好友 Blanford Parker——他是哈
佛大學英美文學系公認的過去十幾年裡最優秀的研究生[5]——
忽生奇想，要與我合作一本英文書，敘述我自幼年起一直到
進入美國為止的經歷。我們在飯後飲餘（他滴酒不沾，但每日
飲胡椒味可口可樂的消耗量是我飲啤酒量的三到四倍），談論

4. 這當然不是毛澤東死後鄧小平對「文革」造反派的首次報復之舉。
　1984 年我出國前夕，在北京聽一位德高望重的老前輩說，北京大
　學校長周培源的原辦公室主任、哲學系名教授郭羅基剛剛被驅逐出
　京，發配至南京大學，就是有人恨郭的自由主義思想對時任中共中
　央總書記的胡耀邦頗有影響，故在鄧小平面前告狀說：「文革」中
　鄧的大兒子就是被郭的那一個造反派組織折磨至殘的（告狀者並沒
　有出示任何證據，很可能毫無根據）。原本對郭羅基個人並沒有什
　麼印象的老鄧，勃然大怒，下令立即把郭「趕出北京」。

5. 他的成名之作是研究十八世紀宗教與詩歌關係的著作，學界對之
　評論極佳：Blanford Parker, *The Triumph of Augustan Poetics: English
　Literary Culture from Butler to Johnson* (Cambridge: Cambridge University
　Press, 1998). 他堪稱慧眼識聖：早在 1985 年若望・保祿二世（John
　Paul II）任教皇的初期，他就對這位宗教領袖敬仰不已，稱之為當
　今世界上兩、三位最偉大的人物之一。二十年之後，2005 年 4 月 8
　日星期五，全人類都見證了這一點。

我的經歷跟他這樣同年齡美國人的經歷之差異時，他每每感嘆：在他們聽來，我一九八〇年代以前在中國的生活境況，是屬於西方工業革命以前的那些時代才可能有的事情。所以他覺得眾多的美國讀者一定會對這本傳記感興趣的。我們把書名都初擬好了，叫做 My Grandparents Had No Names（「我的爺爺奶奶沒名字」）──我告訴過他，我的祖父祖母是偏僻之極的鄉村裡貧賤之極的農民，活了一輩子只有姓，沒有名。

每星期有兩個下午，我倆在火爐旁坐下來，準備那本傳記。我口述，答錄機轉動，他隨時提問，發掘細節，理順故事的脈絡，一共錄音了將近四十盤磁帶（每盤六十分鐘）。他主張：我們的書就從一九八九年六四事件後四川籍大學生誓言要去鄧小平老家挖掘祖墳的報導起頭，因為──他解釋說──這個情節最具有古典希臘史詩和悲劇的意涵及韻味：它用「復仇」這一人類最本能、也最強烈的動機，把文化大革命同「文革」以前中國的政治社會不公，與「文革」以後的中國政治陰謀和搏鬥，天衣無縫地貫通一體。

還是旁觀者清。他對中國當代政治鬥爭在「革命」的大纛之下演繹出的一幕又一幕，比許多的中國問題評論員──黃皮膚的或者白皮膚的──看得都要明白。

（原刊於《思想》雜誌二〇〇六年三月第一期）

中國大陸的改革前景和思想出路

―余英時教授與兩位大陸青年思想家對談紀錄―

時　間：一九八七年十月十八日
地　點：美國紐澤西州普林斯頓余英時教授寓所
對談人：余英時（中央研究院院士、普林斯頓大學教授）
　　　　胡平（中國北京市社會科學研究所前研究員、哈佛大學
　　　　　　　政府系博士候選人）
　　　　丁學良（哈佛大學社會系博士候選人）
列席人：張作錦、孟玄（聯合報駐美記者）
紀　錄：孟玄

第一部分　大陸變革·風雷初動

余英時：自大陸宣布文革結束，對外開放以來，已經有十多
年時間了。這段期間，中國大陸出現許多變化。外界經
常可以看到變化現象的報導。但是這些報導很少能夠掌
握變化脈絡，給予適當評價。最近台灣開放大陸探親，
激起一股強大的大陸熱，台灣如果要制定理性的大陸政
策，就不能被熱潮沖昏頭腦，也不能只看一些浮光掠影
式的大陸報導。台灣需要聽一聽大陸思想界傑出人士對
於這些年來變化的分析，從他們自我反省中，理解變化

緣由、限制，以及未來可能的發展趨向。基於這個理由，
我欣然答應聯合報朋友邀請我主持這一次訪談，請兩位
中國大陸在美國青年思想家談一談他們對大陸變化的反
思。我離開大陸三十八年了，中間只在一九七八年參加
美國學術考察團回去過一次。我也很想多聽一聽大陸朋
友對知識界、思想界的介紹，因此除了偶爾插入的一些
感想外，主要聽取兩位講述。

丁學良：自七六年毛澤東去世，四人幫被抓，鄧小平復出，
一直到七九年鄧全面主政，這段期間是變革醞釀期。最
能代表變化氣氛的是有關「實踐是檢驗真理標準」的辯論。
從七七年開始隱隱約約的談，到七八年底在主要報紙上
公開論辯。按照大陸政治意識形態演變慣例，能公開在
報上討論，表示在高層中某種觀點已占上風。在一種官
方意識形態獨尊的制度下，當提出對這獨尊者進行重新
解釋的時候，總是預示著重大變化的到來。所以我們在
七七年就感到「山雨欲來風滿樓」。七六至七九年三年間，
變化醞釀很長，外間比較難察覺。我們身在其中，對於
變化的每一個轉折和轉變幅度，都感受深切，不覺突兀。
外界觀察家因為看不到醞釀階段的潛流，往往吃驚變化
之突然，彷彿是「平地驚雷」。

事實上，在毛澤東去世之前，少數勇敢的先覺者對民
主法制要求已非常迫切，例如王希哲等人的「李一哲大
字報」在一九七四年就出現了。可是整個社會上形成一
種「這麼過下去不行了」的普遍求變情緒，還是在周恩來

去世前後，所以第一階段思想變化是毛去世後，大家談「撥亂反正」，用馬列毛的話批判毛的作為，雖然沒有理論上創意，可是已經鬆動了僵化的意識形態，而給予其他思潮以生長的機會和迴旋的餘地。七九年以後，「禁書開放」，過去嚴格限制閱讀的西方書籍可以在知識分子中流傳了，過去內部發行的雜誌可以公開訂閱。這是思想界生機重發的關口。

胡平：我以為大陸青年思想的覺醒還要更早一些。我自己的思想成型於一九七〇年。林彪事件傳出後，我們很多人的感覺不是驚奇，而是有些遺憾「惜乎不中秦皇帝」，沒把毛打死。有人奇怪，林彪看來那麼左，但他的「五七一工程紀要」（反毛政變綱領）卻那麼右。其實很簡單。現在的共產黨領導人，沒人真正相信自己口頭上講的那一套。如果林彪能順利接毛的班，他就仍然會人講毛澤東思想，而實際上則另搞一套，如果他不得不採取和毛公開攤牌的方式奪權，他就會乾脆另立旗號，因為他非常清楚毛的那一套不得人心。由於中共領導人中缺乏具有捷克杜布切克（Alexander Dubček）那種信念和教養的人物，所以一般說來，他們上台後改變政策的程度大小，就要看他與前任的關係如何。

影響大陸變化的，一是人心，一是時機，人心自然是現在變化得更大，但時機卻是七八、七九年時最好，因為那時有較多的選擇餘地。極權統治遭到嚴重失敗，有可能走上一條真正自由民主的道路，也有可能經過調整，

變得表面上較為溫和，但更穩定，這點必須引起我們的十分注意。如果我們不抓緊現有的時機，採取正確的策略，把大陸引向自由民主，極權主義就有可能度過它的危機而較長時期的維持下去。

丁：現任中共領導人改革幅度的大小，當然部分地受制於現在與前任之間對立程度的大小。越是對立，後任變革的顧忌就越小，但是我們仍不能抹殺繼任者自己世界觀的影響。單從與前任毛澤東的關係看，鄧小平原本可以走全新的一條路，可是他為什麼沒有把以前的一套全拋掉？原因之一是他的世界觀仍是共產黨人的，從這個意義上，他受限於自己，即他的根本政治信念。

余：除了上兩點之外，還應考慮實際權力地位。鄧未掌權之前，他可以鼓吹更多開放、自由。利用那股求變情緒幫助自己，打倒「凡是派」。一旦自己掌權當家，他就優先考慮維持秩序的必要性，所以很快的壓制民主牆大字報。他知道毛思想不好，但是不能全丟，一丟就把共產黨統治合法性也丟了。這是當家與不當家不同之處。

胡：七六年「天安門事件」，其重要性在於：它使我們發現，原來別人也和我們想法差不多。原先大家都壓抑自己，不敢公開私下的念頭。就這樣，悼念活動變成了抗議活動。

　　一九七五年我寫論言論自由的文章時，想法是：我知道毛死後大陸會大變，我最擔心的是像蘇聯、東歐那樣，只是解了一陣子凍而已，到頭來極權統治的本質並沒變，

反而還制度化了、更成熟了。我希望大陸能真正有所突破，那就需要在老教皇已死、新教皇還沒確立的搖擺不定的時期，為自由民主打下一個立足點，像下圍棋，先做兩個眼。所以在當時，我既不同意一味寄希望於中共領導的改革，又不準備直接地抨擊時政。大家都說自由是必須爭取的，但怎麼爭取？很多人沒認真考慮過。不少人以為爭取就是向當局抗議。照我看來，爭取就是讓更多的人獲得對自由民主的一種共識。有了這種共識，你才能指望在當權者濫用權力時，有足夠多的人能共同表示反對。否則只是少數人孤軍奮戰，不可能取得成功。「文化革命」搞專制搞得太厲害，連生活的最簡單的利益都受到侵犯，這就使大多數人都容易領會自由權利的重要性。政治權利的意義之一就是保障人們的經濟利益，因此當人們的基本經濟利益遭受嚴重侵犯時，一般人都會關心政治權利。可是一旦等到上面給予下面一點經濟利益後，有的人就會對爭取自由權利無動於衷了。專制統治鞏固的祕密就在於，一方面滿足一些人們的基本的、具體的物質需要，另一方面剝奪和壓制人們抽象的政治權利。

余：中國歷史上大多數時間裡，只要老百姓有碗飯吃，王朝就不會傾覆。毛澤東自稱馬列主義者，有些外國專家信以為真，在文化革命期間還胡亂吹捧毛開創了馬列主義的新境界。其實毛用心最深、最懂的還是中國傳統社會性格和帝王之術。他不了解現代社會，甚至也不懂得經濟生活豐裕以後，政治要求也必然會相應提高。他實在

連馬克思主義的常識也未具備，他的理想社會大概是讓人民有吃有穿，但必須在生活方面完全受他的控制。

丁：你所說的讓大多數人謀求衣食足，同時嚴密控制政治和思想，這還是毛主政最理性的時期的最佳狀態。絕大多數時間他連這標準都遠遠達不到。他在文革中說到搞革命和搞生產的關係時說過：「以不餓死人為原則。」一個統治者的最高民生理想居然是以不餓死人為限，真令人不寒而慄，從這個意義上說，毛不僅沒有吸取馬克思理想中較合理的層面，他連封建君主中的賢君都不如。他精通中國歷史，但他專選其中壞的東西學。我痛恨毛的文革政策始於一九六九年下放農村之時。見到連號稱富庶的江南，有許多人家過年吃不到米飯，「土皇帝」為所欲為。痛恨這些是不需要什麼理論水準的，因為它已經威脅到人的生存的最低層次了。

胡：可是在一九五八—六二、六三年毛左傾路線造成的幾年空前大饑荒之後，毛的威望反而搞得更高，這才搞得起「文化大革命」。說來也是，那時候大家並不是不知道三年饑荒有人為的因素，也知道所謂資本主義社會比我們富裕，但大家並不因此而懷疑我們自己的制度。因為當局完全控制著輿論，它使人們的思路不朝某一方想，而朝另一方想。這就顯示出獨裁者控制輿論的作用。

丁：毛在文革中提出的口號迷惑了許多西方自由派，外國人光是看打倒官僚主義、消滅三大差別等等字面意義，當

然覺得毛的社會實驗很了不起。這與身在那個社會，深
受毛實驗之苦，自然天壤之別，我經常給為文革和毛辯
護的西方人講一個例子：你們看毛，就像是參觀化學實
驗。你們看到化學家一會兒往試管裡注酸，一會兒注鹼，
當然對這個化學師佩服得不得了，但是如果你們置身在
試管之中，承受各種化學藥劑，你們的感受就會完全不
同了。

胡： 這些人完全忘記了自由選擇的偉大價值，做實驗必須得
人家自願。我們的實驗恰恰是靠強制、靠暴力進行的，憑
這一條就得反對。「文化革命」有很多東西根本是自相矛
盾，像有首歌，叫〈毛主席領導我們反潮流〉，你乍一看，
很好嘛，反潮流，提倡獨立思考，但是，這個反潮流是「毛
主席領導的」，它本身就是一個潮流，而這個潮流卻是不
能反的。結果只能造成更大的盲從和壓制。

　　外國人和大陸當局打交道，常常是遲半拍，所以總是
不對勁，有時正中人家下懷。最近有一位美國的中國專
家說，不要試圖對大陸的政治情況施加什麼影響，因為
那只會引起相反的效果。這種說法就正中中共當局下懷。
順者昌、逆者亡的脾氣就是這麼養出來的。蘇聯壓制了
知識分子，美國人就抗議說，我們不跟你做生意了，我
們不跟你交流科學技術了。但中國大陸出了同樣的事，
美國人連忙跑去北京問：喂，上次我們講好的生意不會
撤銷吧？原先定下的合作項目還要繼續吧？然後高高興
興回來說，沒關係，他們反自由化是反自由化，但還是

同意和我們做生意的。他們擔心一批評，一施加壓力，
中共領導會變本加厲。過去的確如此，外面越批評，我
越壓得厲害，但現在不同了。現在對於外界的批評，不
能不理了，也不敢像過去那樣變本加厲了。

這裡還有個文化相對主義的問題。過去西方人帶來自
由民主觀念，一些中國人不大懂，從民族主義立場去反
對，西方人就想道：中國人有中國人的標準，可能自由
民主對他們的確沒價值。

余：所謂文化相對論其實是看不起人的說法。他們對蘇聯不
假辭色是因為他們認為還是屬於西方文化範圍內。可是
對中國，不是真正尊重不同文化價值，而是認為西方文
化的價值比中國高出至少一個層次。中國人現在還不配
談民主自由，因此便不必用這一較高的標準強加於中國
人，只要用他們自己原有的低標準就好了。這是輕視，
是一種不平等的假「文化相對論」，至少也是一種居高臨
下的姿態。

胡：學生運動也是一樣。你不提自由民主，中共當局反而可
能寬鬆一點，你一提自由民主，他反而壓制得更厲害。
但是，我認為，在這種情況下，你就必須要堅持對自由
民主的嚮往和要求。這種堅持一時無效，但一旦有了效，
整個局面就變了。如果政府懂得了人民有權向他施加壓
力，懂得了遇到問題應該相互妥協，他就不再是專制政
府了。

丁：在外國壓力問題上，我不完全同意胡平的看法。西方對大陸迫害正直的知識分子一聲不吭是錯誤的，但如果一下子中斷所有的援助和合作，也會導致不良後果。保守派會以此為證據說開放政策沒價值，進而煽動狂熱的民族主義情緒反西方、封殺改革。因此，壓力要施加，措施要硬而適度，既觸到痛處又不把路全斷掉。現在西方知識分子包括科技界已經逐步改變他們原有的態度，對大陸迫害知識分子不再緘口不語了。西方知識分子反應的改變，必然帶來社會各層面態度的轉化。大陸內部對社會正義、民主和自由的追求，不再是孤立無應的聲音了。這次國際上對方勵之、劉賓雁、王若水、蘇紹智事件的持續不斷反應，是新態度的先兆。

　　大陸從「四人幫」後期以來就長期面臨價值真空、思想意識形態崩解的深刻危機。大陸上現在的狀況，可以用一句話來概括：中共有意識形態，但沒有真信仰；報紙上有宣傳，但人心中無價值。你如果現在回大陸問問隨便遇到的一個人，最常聽到的一句話就是：「人們現在啥都不信，只信錢。」「信錢」並不是壞事，但若「只信錢」，一個社會可就完蛋了，大陸報紙上經常批評一些現象，如成都有一個女孩子溺水，圍觀的人很多，有人叫救，有些人就問：「救人給多少錢？」結果無人救，女孩淹死了。還有許多地方發生的製造假藥賣錢害死了病人，用有毒的化學藥劑加水當作白酒賣大錢，致使多人中毒身亡或傷殘。這些都是一個社會信念崩解、價值危機的

症候。官方報紙批評這些現象是「資產階級觀念有害影響的結果」。中共報紙的關切和擔憂是對的，但它對原因的解釋是錯的。板子應該打在自己的屁股上，而不是打在西方「資產階級觀念的影響」上。如果僅僅靠西方外來的影響就能把大陸的道德信仰損毀，那麼西方社會自己早就不能存在了，更基本的原因是官方過去的所作所為和現行文化意識形態方針的僵化。

應該指出的是，目前精神價值解體虛脫的情況，比之文革時代的宗教狂熱，還是一個大進步。那時代人們真誠地相信一個假信仰，信仰體系本身是虛假的，但人們對它的信奉卻是真誠的，而現在是沒有信仰了。

余：十九世紀以來，中國關心國家的知識分子總是有信仰的，這些信仰今天看來儘管都有問題，但信仰是真實的。例如康梁變法、五四時代胡適、陳獨秀、李大釗等一系列下來都有信仰的。抗戰禦外敵、國共鬥爭，一直到一九五七年，希望建立新社會，大眾仍有真誠的信仰，雖然信仰一步步走向虛偽化。這種虛假的狂熱信仰一直維持到文革，文革以後，假象拆穿，人人都變成十足虛無，現在幾乎是什麼也不相信了，這是百年來中國人精神歷程中一段極令人痛心的階段。

丁：毛以後十幾年大陸思想歷經數變。毛時代整個社會過度意識形態化，全體陷入宗教狂熱，一切合理性的活動都無法展開。

鄧小平復出後立刻發動「真理標準」大討論。它的目的是非意識形態化，破除政治宗教和神話，結束不能施展經濟理性、工具理性的不正常狀況，這是發動四個現代化的先決條件。這種非意識形態化的好處，是使引進西方技術、進行經濟改革有了一定的立足之地，即確立「用」的地位。但非意識形態化卻使當政者面臨兩難的局面。一方面意識形態的鬆動帶來了社會各層面的活力，另方面使官方失去了一個傳統上對社會進行絕對控制的手段。社會上出現「百花齊放，百草競長」的狀態，各種思潮紛紛出現，存在主義熱、人道主義熱、佛洛依德熱、異化論熱、新馬克思主義熱、宗教熱、現代主義熱。這種種「熱」雖有其膚淺之處，但卻是一種深刻的東西的表現，這是在文革中禁受了精神巨創的人民在尋求各自的慰藉，以停泊無所著落的心靈。對此官方深為憂慮，到了一九八三年發動「清除精神汙染」運動，就是官方對策的高潮。「清汙」的主要目標，是新馬克思主義和存在主義的人道主義理論和異化觀。新馬克思主義在大陸和台灣都流行，但意義卻不同。台灣青年知識分子是用「批判理論」表達對物質主義和精神蒼白的現代生活的不滿，而大陸上是以新馬批判社會主義在現實中的失敗，力圖藉此給社會主義增添人道主義的內容。

對於這股人道主義的新馬克思主義熱，官方完全可以給予正面的回應。須知，這股潮流既不是要全盤掀掉你現在的主導意識形態，又不是用消極空虛的出世思想來

引導民眾。人道主義的新馬克思主義實際上是在現存體制下，唯一可被官方承認的，同時能夠對老百姓和知識分子有些真召喚力的價值觀念。但是大陸意識形態的領導實在是太蠢了，他們硬是要「清汙」，大加批判。他們似乎從來沒有從歷史中學到什麼，中共意識形態的領導甚至都沒有問問自己：為什麼在史達林的暴政以後，蘇聯、東歐的共產黨都正式承認和強調人道主義的馬克思主義？這是挽救馬克思主義的最後一招。但大陸意識形態領導硬是要逆民心而動，他們把周揚、王若水、蘇紹智這些比較得人心的理論家一一整倒，把「人道主義的馬克思主義」斥為異端，硬是堅持史達林和毛澤東對馬克思主義的那種非人道的詮釋。

官方堅持僵化的意識形態，並不是因為他們真心相信那一套。如果你真心信奉你所宣傳的，雖然別人不接受你的理論，但至少會敬佩你的真誠，只不過會感嘆你迂腐不化罷了。可是宣傳者自己不遵循他所宣傳的理論，這在民眾眼裡可就糟糕透頂了！從林彪起，許多高級領導人在台上時好話說盡了下台後就被揭發出來壞事和醜事做絕！在事關自己和家庭的權和利時，自己訂的黨章國法，自己宣傳的主義規範，統統拋在一邊！在任何一個社會裡，最受鄙視的就是那種言行不一致的「道德權威」！

余：這與五四前後，大家批判儒家吃人禮教如出一轍。當時官方的尊孔不但完全無用，而且激起了更大更深的反傳統的意識。

丁：正如我所說的，官方堅持那套正統僵化的意識形態，並不是因為真心相信它，而是為了強化思想控制以達到牢固社會秩序的目的。但是問題在於，你也許可以用堅持僵化意識形態的方法來維持統治，你卻不能夠用這個辦法來鼓動民眾，使他們真心地為一個目標奮鬥。苦於正統馬列教條召喚群眾無力，官方試圖以愛國主義來調動人民搞現代化的積極性。就像史達林在德軍步步逼近的危急關頭，停止用「為共產主義而奮鬥」的口號，改為用「為俄羅斯母親而戰鬥」，有力地團結和振奮了民心。但是，愛國主義的源泉是人民對其文明的光榮的過去的自豪，它在本質上是與要在全世界建築一個統一制度的共產主義背道而馳的。所以，當一個共產主義政權用愛國主義來召喚民眾時，就證明它的那一套價值體系已經喪失民心了。

擔心愛國主義會徹底取代共產主義，導致自己合法性的全面消亡，大陸傳播機構提出「三熱愛」口號（「熱愛共產黨、熱愛社會主義、熱愛祖國」），把愛國主義定義為「熱愛共產黨領導的社會主義祖國」。這種牽強附會的界定使民眾們，特別是受過教育的人深感自己的愛國主義感情被玷汙了。

從大陸正統派對人道主義和愛國主義的對策，可以看出，對每一種正面的、積極的，而且並不與官方發生直接衝突的精神追求，正統派都予以阻礙、歪曲和扼殺。而他們自己又提不出任何一點新東西來，只是蠻橫地叫

知識分子不說話，頑固地宣傳那套自文革以來就一再地被權勢者自己所揭穿和踐踏過的虛偽信條。法國社會學者涂爾幹（Émile Durkheim）說過，沒有假的宗教，所有的宗教都是真的。但是，只有當宣傳者自己身體力行的時候，這個宗教才是真的，否則就是虛假的。

所以，今天的大陸上「符號體系」（symbolic system）的危機表現在全部的三個層次上。第一，沒有關於「體」的學說，即沒有安身立命的人生意義之說。「人心無歸」。第二，沒有關於「治」的學說，即沒有一套規範性的東西來約束人與人的社會關係，特別是約束公共事務中的行為處事。「人行無規」。第三，沒有關於「用」的學說，即對那些於現代化極關重要的經濟社會機制（如私有經濟、市場等等），沒有根本合法性的論證。正統派要取消它們，可以隨手拈來，振振有詞。而改革派要保存它們，卻不敢說它們是天經地義、不容損毀。

一個社會狂熱無比，固然可怕。一切不信的信仰空虛，也很可怕。各種不良不正的行為都可能由此而生。中共官方目前唯一可行的補救法，是參照東歐。它們仍然以馬列主義作招牌，但是對百姓和知識界的信仰探索，基本上鬆手，讓人們自己找到自己信仰的東西。不企圖以官方教條做假象統一，是中國目前擺脫信仰危機的唯一可行挽救途徑。

胡： 我只有二點補充丁學良以上說法。第一從今年初學生要求自由民主示威遊行看，學生仍有相當理想主義，信仰

上有所追求。遊行對學生沒有任何好處。當局一貫壓抑，可是追求理想價值的人還是前仆後繼的。

我認為大陸解放思想覺醒過程是比較早的。不待「實踐檢驗真理」的討論和「毛澤東是人不是神」等說法來解放。

研究極權主義的大師阿倫特（Hannah Arendt，台譯漢娜‧鄂蘭）把極權主義的組織比成洋蔥頭，一層一層的包裹直到核心。其實，極權主義的宣傳、意識形態也是如此一層勝一層。真正相信報上說的那一套僵化宣傳的人很少，另一些人也贊成這個制度，不過他們自認為有更有力的依據，越是靠近權力中心的人，自己越是不信報上那套話，他們另有一套擁護這個制度的理由。你甚至可以說，在今天共產黨的統治是靠一批不信共產主義的人維持的。

灌輸和宣傳是不同的。灌輸是不但要你接受我的結論，而且還要你接受我的邏輯。宣傳則是應你、從你的邏輯出發接受我的結論。這也就是所謂統戰的辦法。譬如說自由民主。公開的說法、灌輸的說法是：我們社會主義民主是最高的民主，比資本主義民主好一萬倍。但私下的說法、統戰宣傳的說法則是：西方的民主的確不錯，但鑒於大陸的現狀，一下子還不宜實行。你當然不信社會主義民主是最高級的民主一類神話，但是你卻很可能接受大陸目前還不能一下子建立民主這個觀點，結果你就對他們不搞民主不批評了。總有這麼一些人，以為中共領導人所做的一切顯而易見的荒唐事，乃是基於某種

難言的苦衷，這些人自作聰明的替它開脫，結果是自己喪失了常識的判斷力。

余：兩位深刻反省，很精闢的分析出今日大陸青年思想面貌。不知像兩位這樣勤於思考、自覺性高，有理想信念的青年，在大陸多不多？

胡：很難說。許多人由於缺乏信念而造成灰心喪志。但是更多的人應該可以說是「死灰而可以復燃」的。只要把死灰撥開，即可重新燃著。大多數青年懷抱希望，他們的願望是很明顯的。雖然現在他們肯定的處在失望狀態。

余：許多報導指出今天大陸普遍道德水準下降，已經到了令人吃驚程度。據說有些青年甚至懷疑有沒有所謂「道德」這個東西？丁學良所講的心靈空虛可能是此一現象主因。

胡：大陸青年道德水準普遍下降是個很複雜的問題。比如說提倡講真話、不撒謊，這當然是道德的一個基本要求。可是在思想罪、言論罪的情況下，一個人始終堅持講真話，恐怕活不過三十歲。既然再好的人有時也要撒謊，一切就似乎都成了五十步笑百步的問題，那些真正不誠實的人也就不會慚愧了。在缺乏自由的條件下，一個人堅持理想，堅持到什麼程度才不是迂腐、不是匹夫之勇，與現實妥協，妥協到什麼程度才不是油滑、不是販賣，大家沒有一個共同的標準。有道德的人和沒道德的人不容易分出來，這就會使道德標準模糊、使人們的道德感遲鈍。

丁：現在大陸上道德危機的深重性，不僅在於官方宣傳的那一套準則沒人信，而且更在於許多的人什麼都不信。信點什麼的人經常被人譏為「傻瓜」、「書呆子」。

胡：可是，官方塑造意識形態所塑造的道德標準在人們心目中破產，並不等於整個道德標準破產。而且官方破產的原因是人民心目中有另一套標準。

余：人總有一些人生想法，否則不能安身立命，會精神崩潰。但是這些想法是什麼內容呢？思想精神資源從那來？是西方民主？還是受中國傳統的思想觀念？

丁：我原對於大學生評價偏低，自私、物質主義很強。但從學生遊行，改變了很多成見。他們，冒著很多危險，表現出對社會的十分關切。不過，對民主制度的嚮往和安身立命的終極價值觀念還是不在一個層次上的。最令人憂慮的是如果真心的信仰火種老是被壓抑，死灰就不易復燃了。真誠的追求不斷受到打擊，火種就不易健康生起。

官方宣傳總是在壓制、歪曲、誣衊民眾的真信仰，指責你的信仰是反動的、骯髒的。長此以往，整個社會就會充滿灰心喪氣，精神沮喪。社會的道德淪喪起源於道德冷淡，道德冷淡起源於以偽壓真。「假作真來真亦假」。倘若年輕一代的正義之心、正直之情久被壓抑和扭曲，「風聲雨聲讀書聲，了此一生，家事國事天下事，關我屁事」，那麼，就會有越來越多的人變得玩世不恭。我常常聽到剛出國的同學說，現在那麼多的人都在想盡千方萬

法離開那塊國土，覺得現實一次又一次地在碰碎他們年輕的夢、火熱的心、稚氣而真誠的追求。還有許多人告訴我，為了出國，不少年輕女子不惜央人介紹持綠卡的老頭子做丈夫，聲明只要能出國，什麼要求都不提。更有不少女子為了出國，主動去陪外國人！每聽到這些，就不得不感到，什麼東西正在爛下去，從根柢裡爛下去！

第二部分 經濟改革和政治困局

余：十年來大陸變化中最引人注目的要算是經濟的改革了。經濟改革的前景，更是言人人殊。我想請兩位從大陸內部社會結構、社會主義制度可變性上談談經濟改革的未來。

丁：有些西方人認為，鄧小平推行的經濟改革，非國有的成分會越來越大，市場經濟機制會越來越靈活。根據西方經驗，這種型態變化，終究會導致社會結構的重組，中產階級興起，文化趨向多元，政治漸漸的民主。至少從台灣經驗，發展趨勢是西方式的。因此如果我們耐心等待，多方協助大陸改革派的經濟政策，大陸也可能慢慢的走上這條路。

　　我認為即使假定大陸經濟改革趨向不變，在一、兩代之間，大陸在現行基本制度下，自然不會形成社會學意義上的中產階級。因為中共經濟改革政策本身非常脆弱，沒有任何制度化力量保證經濟改革可以達到對社會關係

進行重新建構的程度。

社會主義這個制度具有一個特性，就是相互連鎖，政治、經濟、意識形態各方面環環相扣，這個制度一旦確立，就很難從內部產生社會轉型的機制。它甚至能把它內部最雄心勃勃的改革力量都捆住掣死，哪怕改革者本身身居最高層。從這個意義上說，社會主義具有最強韌的制度惰性，是一份對後繼者難以推卸、改造的遺產。既然共產黨把自己主要奮鬥目標定義為消滅私有財產，所以任何共產黨領導絕對無法承認發展私有產權是正常狀態，它可以把非國有化、活潑市場等當作權宜政策來醫治運轉不靈的經濟，但是不能當作長遠的基本政策。在社會主義根本定義中間，沒有給予中產階級形成的社會學基礎以任何合法地位。所以經濟改革是一回事，藉助經改形成中產階級以促成社會主義社會的轉型是另一回事。若未來經改持續下去，生意人、企業家必然會多起來，但是他們的影響作用主要限制在經濟領域。他們會採用各種合法或非法手段增進自己的地位，可是他們的改善是個人社會地位的改善，而不是整個階級地位的改變，即：上升的經營者並不能以本階級代言人進入政治權力結構中。

比較值得重視的社會力量變化是專業人員興起，白領階級分散在社會各層面，經理、教授、行管幹部、作家等等。在西方，政府公務員是中產階層的一部分，可是在大陸，作官的知識分子和一般知識分子之間的差別太

大了，不能劃為同一類別。未來知識分子中當官的越來越多，外行領導內行情形會較少，但這並不等於知識分子具了獨立的社會和政治地位。如果制度上沒有改善，當官的知識分子依舊會壓制不當官的知識分子，即大陸上所說的「杜甫壓李白」。如果大陸幹部專業化水準越來越高，會使政權較穩定，像今日蘇聯，不會太好，也不會太壞。這個演進過程，對中共來說還非常長遠。不當官的知識分子越來越多時，大陸領導階層再也不能以官方意識形態來控制人們心靈了。

胡：不少人對大陸經濟改革估計過高。他們誤以為社會主義國家的毛病就是太死守馬克思的教條。其實，沒有一個掌權的共產黨是教條主義，意識形態對他們早就是掌握政權的工具而不是目的，對他們並沒有約束力。這點他們像法家，不是法先王而是法後王。

鄧的「四項堅持」和毛當年的「六條標準」完全一樣，重點也都是強調共產黨的領導和社會主義道路兩條。所謂「堅持社會主義道路」，其實就是堅持消滅私有制，堅持共產主義等口號，就是堅持對經濟的有力的控制，在這之下當然有很大的靈活性。但由於有這個終極限制，所以就不可能搞成真正正常的市場經濟，和造成政治上獨立的中產階級。至於說「堅持黨的領導」，實際上就是堅持黨的幾個最高領導人對一切的控制。有人以為可以先搞共產黨內民主，然後再搞人民民主。這是不可能的。

因為共產黨所以能用專制的辦法治國，首先在於它用專制的辦法治黨。

　　許多人對上層領導人事變動十分關注，像對十三大的人事安排很關注。但真正重要的不是上層的變化，而是社會的變化，人心的變化。很難相信在人心普遍不再相信那套意識形態的情況下，這種統治還能長期地維持下去，這是從樂觀的一面看未來發展。不過從悲觀的一面講，如果大家都已經灰心喪氣，抱著自由民主渺不可得的心理，就會退而接受一個不那麼嚴酷的專制統治，也就是今日蘇聯、東歐型態。

余：外界經常用「保守派」和「改革派」來形容中共內部權力鬥爭，這兩派實力如何？在經改上比重如何？

胡：這種區分意義不大。今年一月事變證明：有些所謂改革派可以和保守派合作，打下另一些改革派。這證明不少改革派和保守派之間的紛歧並不那麼大。改革派也不要自由民主。他們只是對經濟改革上的主張更激進一些罷了。要知道，所謂保守派，也不那麼喜歡蘇聯式的計畫經濟。近幾個月來，在經濟改革方面，主張緩進的一派的影響力有所增加。前段時間主張激進改革的一派遇到了較多的困難。譬如破產法，趙紫陽的幕僚鼓吹破產法，先在人大常委會上沒通過，不少人說是由於保守派阻撓，後來經過趙的努力，總算通過了，但一實行又遇到很多問題，許多單位爭著報破產。結果只好又把這件事放一放。

丁：從破產法實施經過看，經濟改革能走多遠，實在受社會主義體制本質限制。破產法是私有經濟下財產狀態的法律規定，在不承認私有產權體制中，怎麼可能有破產？破誰的產？誰來承受破產的責任和後果？

胡：許多人，特別是一些西方人，對大陸經濟改革的樂觀看法，是因為他們發現大陸所實行的辦法很多是從西方經濟學中搬來的。但問題在於：他們忘記了大的背景，忘記了橘踰淮則為枳的道理。問題在於：在給定的背景之下，經濟改革究竟能走多遠？在社會主義制度大背景不變的前提下，許多經改目標是不可能達到的。這就像是數學上的無解題一樣，不論你下多大的工夫求解，都解不出來。

丁：對大陸改革作估價，要分清三個層次。一是誠心改革的人士的意願；二是報刊上關於改革進展和成果的宣傳；三是社會基層的實際進展。三者區別甚巨。許多人進行經濟改革的誠意是不容置疑的，趙紫陽冒著政治風險鼓吹改革，但不能把改革誠意當成改革成果，在外面觀察的人常分不清這些。

余：一位相當受中共敬重的外國經濟改革顧問就私下告訴我，經改實際情形幾乎是寸步難移。

胡：有人說，經濟改革需要一個比較強有力的政府，才能有效率。這話在一九四九年時說也許還有點根據，現在黨風如此之壞，還說什麼權力集中會更有效力，簡直是開玩笑。

余：西方資本主義和共產主義的不同，很粗糙的說。資本主義以創造財富為重心，貨幣是中立交換媒介，所以社會要依法律規範，保證交換的公平。在大陸社會，權力是最後交換媒介，權力可以改變不符自己需要的法律。法律沒有權威，社會流行的信仰是有權有一切。在權力未垮之前，法律奈何不得濫權者。中國傳統社會中本有重權輕商的傳統。商人的價值不受敬重，經常要賣官鬻爵，才有安全感。這就鼓勵官商勾結。三十年來中國本有權力重於一切的傳統傾向更加惡化。在經濟改革聲中，這是建立合理經營制度最大障礙。

胡：現在大陸企業家之中極少看到具有西方早期大財團創辦人的企業精神，也沒有仿效的興趣。大陸有錢人幾乎都是暴發戶心態，他們對未來沒有足夠保證，因此無法作長程的企劃，也就不可能成就真正企業家。

余：剛才提到大陸專業人員階層的興起，此一階層當然是以知識分子為主。中國歷史上知識分子扮演很重要推動社會變化的角色。一百多年來社會、政治主要演進，包括共黨取得政權，知識分子一直是主角，士大夫的憂時關懷、人世的奉獻情操，在混亂時代中，經常起主導作用。在未來，不當官的知識分子有越來越大的影響力，他們會不會把影響力轉化成推動變革的權力來源？

丁：目前希望不大。有影響力的知識分子往往一加入政權結構，就受權力角色的限制。制度重要性大於個人意願。

知識分子要想有力量，僅靠當官是遠不夠的。因為選官和做官的機制會制約乃至改鑄人。你要想在那裡面待下去，就必須迎合它的一些基本要求。更為有效的是外在轉換途徑，也就是有一定程度的民選官吏，另外具有在權力結構之外批評權力的言論自由。而這兩點在大陸都仍然很遙遠。

胡：混亂時代中，人們普遍以為擁有真理的人應該掌權，於是知識分子發揮作用，通過理論宣傳進而奪得政權。但是一旦政教合一，教掌在當政者手中，政權就不准其他的人再宣傳其他有可能威脅政權的理論了。理論變成真理，只許一家。恰恰是這種政權，絕不容許知識分子發揮批評影響力量。這是共產黨千變萬變絕對不變的一點。它不但不讓知識分子影響力變成權力，甚至不讓影響力冒頭。

丁：現在大陸的一個重大進步，是某些知識分子已經有很大影響力，雖然沒權力。政權越批判某人，某人社會聲望越高。

胡：可是也要看到，你要取得被批判的資格，首先是能在一個官方給你的有力地位上講話，這就是說，你得先是體制內的人。官方未必不知道搞批判反而會抬高這些人的聲望，但它的目的在於使別的人，特別是後來的人，越來越難以發出自由的聲音，難以再利用體制內的管道建立個人發言地位，也就是想杜絕「第二個方勵之」出現

的機會。

余：方勵之、劉賓雁等人已經聞名世界了，這也顯示大陸解放思想以來活潑的一面。現在有流傳「四大思想家」之說，不知道從何而來，評價如何？

胡：我們也是從海外聽到這種說法，在思想不自由、政治干擾多的大陸，不容易出現公正的學者公評，也沒有權威學術機構進行翔實的調查，所以幾大思想家之說沒有嚴謹的根據。今年一月《中國青年》雜誌倒是明確介紹了十位中青年思想家，不能說是很權威的，但是有些參考的價值。

余：我看到一些很有思考創意的作品，但是談到思想家，水準恐怕還不夠，只有慢慢的出現有深刻原創精神、有建設的思想家，社會才會建立信心。

丁：有些大陸學者對文革後大陸社會科學發展有盲目高估。因為他們以為「多難興邦」，既然經過那麼多慘痛教訓，反省多，應該可以至少「多難興思」。但是這只是邏輯推理。興思的前提是有自由思考和爭論的社會環境。許多大陸學人到西方看看後很失望，見到搞人文社會科學的分工愈來愈細，而且沒有公認的權威。大的理論關懷比較少。於是他們以為大陸經過巨大變革，可以出些大思想家。

　　但是客觀上大陸出大思想家的可能性是極小的，因為思想和表達的自由環境不存在。我們公開發表作品都是

趁一時的氣氛寬鬆，而且還需要許多保護的說法以掩飾
創意。思想要有延續性，不能中斷才能逐漸深刻。大陸
討論問題進步不大，因為剛提出不久，就被學術之外的
力量打斷了。等到下次寬鬆一些，發的又是同一股氣，
提出的還是些老問題，很難深入。

余：佛家有所謂「相續心」、「起滅心」。我想中國思想界要
有出路總得多少代相續的思考下去才行，現在大陸之思
想界情形似乎始終處在起滅心狀態，往往抓住一兩個半
生不熟的觀念便大作文章。我對這種現象有點擔憂。

胡：我們是在很艱苦、很閉塞的條件下進行思考的，斷簡殘篇，
片紙隻字的不放過，而且還要冒很大政治風險，不能交通
情形下，獨立地得出了很多社會政治理論發現，但是，
一種發現，因其不新，所以算不上發現；一種痛苦，卻
並不因為它的古老而不是一種痛苦。我想，對於我們這
一代人而言，發現真理的過程比我們所發現的那些真理
更重要。

余：思想家要關心社會，但是又不能太涉入。太捲入其中，
就失去超越的思想境界，難成大家之言。

丁：研究中國問題的時候，要使探索者感受真切豐厚，必須
置身其間。但置身其間，又易感情全部捲入，難有深刻
冷靜的審視。我們為求新思潮、新方法和思想自由，不
得不到西方來，但在此一直待下去，我們就可能失去關
懷感和深切體驗，只會成學問家難成思想家。

胡：在大陸上，無出版自由，遂使三等貨成名，即使是一等人也只能拿三等貨。我們不能大膽的寫出全部東西，所以我總是強調言論出版自由。

余：西方學術專業化了，有許多學術清規戒律，否則不能被視為學術作品。純學院學者就與現實越來越脫離，心越來越冷。冷的好處是理性，壞處是情感不夠，難以激起震撼人心的火花，不發生推動力量。冷熱之間得失之間很難說，需要良好調和。

胡：對我們這些從大陸來的思考者，更難說。冷熱兩條路哪一條路都很難走。在這裡待太久了，就把對中國痛苦的思考逐漸淡化了，這顯然不是我們願意的。

余：我個人有一個體驗，關懷的熱心太多，不夠冷靜，反而形成妨礙。多冷靜思考，多在冷的學院中鍛鍊有成，再回去，熱勁還可以找回來。但是如果一直熱下去，反而不容易有成就，中國百年來，能冷肯冷的人太少，熱的人太多。我以為從事思想工作，要有些冷，但不是全冷下去，全冷就變成冷眼旁觀，事不關己了，甚至覺得十億人的問題，實在管不了，乾脆放棄關懷了。可是，我更覺得不能一直熱下去，這樣不能產生真正智慧，只能產生很感人的情操，非常動人，但是不足以指引真正方向。目前大家都知道情況很壞，但是要智慧，才能脫困。

胡：簡單的說，整個未來任務裡就是怎麼脫困的問題，中國社會主義已經歷經狂想階段，走完了真心信仰階段，甚

至連批評社會主義缺失的階段都大致已經過去了,很少再有人真心相信社會主義了。所以現在問題是怎麼突破極權主義桎梏的困境?

余:今年八月大陸在曲阜開儒學會議,因為開會的政治意味太重,我沒去。大陸重新討論儒家,到底中國傳統學派思想在中國年輕思想界受不受重視?

丁:至少在目前,青年知識分子主要心態還是反傳統的五四心態。整個社會都是冷靜反思不夠,思想情緒不夠成熟。大多數學者共同認為,當今能夠把大部分人心凝聚起來,作為凝聚基礎的還是對自己祖國的感情。但是中國愛國主義傳統中占主流的是文化沙文情緒,狂妄自大。迄今為止,中國的愛國主義還沒有成熟到日本的水準,即把仇恨敵人同向強敵學習結合起來,以達到超越強敵,愛國主義有這一層面中國就有希望了。

在中國與不成熟的愛國主義形影不離的是媚外主義,一個極端成為產生另一極端的沃土。

余:愛國主義脫離不了文化傳統。不能一面說愛國主義,另一方又反對自己文化,這是一大矛盾。五四以來,中國一直陷在這種矛盾中,自己的一切不好都怪罪在傳統文化包袱上。

胡:過去兩年大家討論傳統文化承續中西文化比較等問題談得很熱鬧,但是這些討論好像醉翁之意不在酒,大家藉反省傳統文化來發洩對政治不滿,所以政治體制改革風

潮一起，大家不談文化了。他們罵傳統文化時，實際上指桑罵槐，孔子只是一再被陪罵而已。青年對傳統本身並沒有太大惡感，不值得過慮。

丁：不過不可忽視了，打啞謎的人自己心裡有數，別人不一定十分有數。而且啞謎打久了，打謎人自己也會弄得糊塗起來。大陸近年來文化討論，一起頭多半是明白人借古批今，但後來加入的人就越來越把傳統當作主要敵人來打。那種認為今天制度下的一切壞現象都可追溯到中國封建傳統的人，實在不少。

余：如果大陸今天的年輕人對傳統沒有太大惡感，那是因為他們不像五四時期有親身體驗。缺乏感情瓜葛。那麼我要問，青年可以不反傳統，可是他們肯定什麼呢？儒、道、釋究竟那種傳統精神文明，現在還有作用？

胡：儒家思想對未來是不是還能起很大作用，我是很懷疑的。我以為儒家一些重要道德訓誨，當然繼續會起作用。可是道德條目，中外差異不大。孔子和耶穌都可以作為道德權威，不必然特別需要儒家復興。

可是儒家傳統在維持政治秩序的穩定與近代民主法治的要求相隔頗遠。在政治生活上，儒家對未來的貢獻，比儒家對道德貢獻會更少。

余：一般的說法是，中國傳統太強調內心，對於外在的客觀世界不夠正視。因此象徵意義不容易凝結或形式化。所以法律沒有超越性、普遍性或神聖性。西方宗教和法律

都有外在權威的形式，較易凝聚人心，建立共識的客觀
基礎。這一對比是否有效當然還要好好討論，得失也不
能；一言而定，你們的看法如何？

胡：任何一個社會沒有一定共識是沒法穩定。西方把共識放
在抽象普遍法律上，可是中國儒家政治秩序穩定基礎一
直建立在具體的君臣之道上，這就範限儒家在中國政治
民主化的轉化貢獻。談到從極權脫困之道，目前留心中
國自由民主前途的人大都把注意力擺在如何建立民主制
度上。可是我們知道許多開發中國家有齊備的民主制度，
但是實踐民主成績並不好。民主制度後面一定要有堅強
民主共識，制度才能發揮作用。我們是無權無拳的知識
分子，沒有政治權力去建立合理制度。所以我們應該集
中全力呼籲建立基本民主共識，對某些大是大非有集中
共同看法，對當政者權力才有牽制。我們應該對普遍性
法律程序堅持不讓，而不必針對具體政策內容強求一致。
例如對開除王若水等人出黨，我們可以反對開除做法不
符合黨章規定。這種對程序的共識確立了，民主才能有
堅實基礎。

在台灣現在已有相當成形的民主制度，反對黨、選舉
制度大體都具備。但是不知道大家對民主程序、競賽規
則是否有堅強共識？如果沒有，當大的政治危機來臨時，
民主前途仍是堪慮。政治共識的塑造靠大眾守法習慣和
制度規範約束相輔相成。

余：一百多年來，中國改革或革命都有一個假定，認為變革必須以政治為主。漸進的改革往往因當權者的愚昧驕橫而行不通，結果只有走「以暴易暴」的路，但以暴力得政權者則必然以暴力維持其政權，這就形成惡性循環。你如果想知道某一「革命」的集團，甚至自稱「民主」的黨派在掌權後會是何種樣子，你只需看他們現在採用什麼奪權的手段，便萬無一失。未來的改革之道也許還應該走迂迴曲折的路，仍從思想或教育等下手，比政治改革更能發揮效果。這當然是老話，可是也許又有新的意義。從前共產黨控制力量很強，一切泛政治化，今天共產黨威信喪失，知識分子和一般人民都公開對它表示了很大的不信任，這是中共政權基本變化。這時候企圖消解馬列意識形態已經有空間。但在策略上說，也許不必或事實上不可能直接從政治下手，例如要求立即成立政黨，進行選舉等等，在目前似乎條件尚未成熟。我覺得從非政治性層面下手，更有長期的效果，不知你們是否有信心？

胡：極權政治的最大特徵是一切泛政治化，但是消除極權辦法是重新建立公眾政治討論（public debate）這是研究極權主義著名的阿倫特的名言。季辛吉有一種說法：「極權主義是靠人的狂熱建立，可是靠著人的冷淡而維持下去的。」例如沒有學生運動事件，怎麼可能衝擊看起來銅牆鐵壁一般的極權制度呢？人們只要灰心喪氣，就會永遠囚在極權主義圈子出不去。所以我們要在集中時間內調

動大家熱情，討論政治，才能把它衝開，這是政治改革
的中心工作。

余：衝破大陸上的極權藩籬在眼前似乎還要以思想言論的活
　　動為主，而非直接的政治行動。以台灣改革的經驗而言，
　　除了政治層面上點滴改進外，二、三十年來不斷的提倡
　　自由民主思想，也發生了潛移默化，不可忽視的力量。

丁：我對此的認識是：解決中國問題的關鍵是政治，而根本
　　基礎則是教育。即使是一個目標正確的政治革命成功了，
　　要保住它的成果不變質，保證革命之後的正義和公正，
　　仍然需依賴於教育的發達。

余：中國問題的解決歸根究柢當然是一個政治問題，但不必
　　總是想到從政治行動層面直接下手改革。

胡：這也是我一貫提倡「言論自由」的目的，就是在泛政治面
　　中劃出一個獨立思想領域。在極權制度下，思想或經濟
　　活動獨立都非常有限。其實中共自由化學者蘇紹智、王
　　若水等人所提倡的無非就是降低馬列主義意識形態在精
　　神生活中地位。

　　　可是從年初學生示威受挫發現獨立活動領域有日益縮
　　小的危險。像波蘭在八○、八一年建立團結工會，起初
　　並非想成立政治性反對勢力。可是當權的共產黨認定工
　　會是政治性活動，設法壓制別的人加入工會運動，為了
　　擺脫政治壓制，最後團結工聯還是走上衝突和被鎮壓命

運。目前喪失威信，共產黨不得不口頭上講一些自由開放，但是他們在控制政治權力，堅持共黨領導的生死線上，始終不準備讓步。大陸學生示威，起初彼此自我約束不要提出過分刺激要求，以免與政府搞僵。可是共黨政府一貫多疑成性，他先跟你搞僵了。我看未來，不論進行何種非政治性改革活動，最後發生政治衝突可能性還是居多數的。共產黨不是絕對沒有妥協可能，只有外在壓力越大，共黨妥協可能越大。所以我對於好人通過入黨途徑，企圖從內部改革做起的辦法，始終不存幻想。

現在中國極權主義現況正是社會被國家吞沒了、壓扁了，所以我們就該站在社會一邊，讓社會多一些獨立性發抒生機。例如有名望學者不去做官，在政府之外，在社會有影響力，社會就會變得更能對抗政府。共產黨開除王若水等人黨籍，假若有朝一日共黨邀請他們重新入黨，這些人最好拒絕再加入。好人加入黨，固然可以在黨內權力裡增加發言地位，可是這種好處是急功近利式的，不是長遠的。今年有相當一批青年準備退黨，共黨花了很大力量才化解此事。以前黨員不能退黨，退黨是一個罪名，現在自願退黨，這更有利於改變黨的絕對地位。我認為與其好人在政府當官，還不如好人從裡面出來。因為世上想當官的人自然是比較多的，所以我們應該多鼓勵不當官的人。讓一批有名望的人在社會上有力量，當官的人有社會榜樣，就不能不設法做好一點。

余：現在海內外知識分子對許多重大的問題，反應相當一致，雖然具體意見有差異。大家對待傳統態度、對待西方文化的看法大體有共識。我們不可能全盤西化，更不可能丟掉自己傳統，應該找尋出有活力的傳統延續下去。加強自己傳統中比較薄弱的一環，例如求知的精神。

胡：中國傳統中「求知」精神不強，知識的重要性一直放在第二位，不是服務道德，就是服務政治、服務人生，這是中國文化中偏向。在過去是有堅強的根據的，但今天已不能不變。愚昧無知是近百年中國政治史上的最大病源之一，毛澤東則是最具體的例證。我這樣說，並不是不重視道德，而是極端重視道德。因為追求真知、真理必須有最大的道德勇氣。但是道德說教則往往適得其反，說教式的道德往往成為當權者的統治工具。中共尤其把「滿口仁義道德，一肚子男盜女娼」的壞傳統發揮得淋漓盡致。

丁：我們中國人接受西方科學，其實是以崇拜科學的唯科學主義精神接受的，把真理絕對化，把科學當作科技實用事物來理解，所以始終不能突出科學是一種探索過程。同樣的，現在許多人講民主，對改革奉獻很真誠，可是他們以狂熱排他態度進行。假設他們當權，恐怕未必能實施民主。

余：中國歷史上王朝很重視「人心」。人心很難測量，可是人心是真實存在的，一旦人心一失，天下就變了。這種說法經過以往幾十年的世變，現在是很容易懂得了。今天

共產黨面臨了人心將失的局面，它不是不想控制，不是不想回到一九五七年以前情形，但是已經回不去了。

丁：中國人所講的人心，即相當於西方所講的合法性（legitimacy），也就是一個政權被民眾接受和承認的那種無形而又無處不在的基礎。為什麼官方批判一個人，這人就香？某人被整，大家就來看望他，這是人心最好的佐證。人心在極權制度下無法表現為對官方的公開的對抗，只能表現在對官方消極的不合作上。

余：中共一向注意操縱人心，一九四九年共黨奪得政權不是共產黨的成功，而是國民黨的失敗。那時候人心已經離開國民黨，共產黨利用的是民族主義情緒。

丁：共產黨最初以社會主義救中國為號召，社會主義是手段，民族國家是目的，所以得人心。毛澤東後來卻把中國變成實驗空想社會主義的試管。手段目的顛倒，結果幾近國衰民亡。

余：社會主義是它執政的藉口，早先對共產主義認識不清的知識分子都是被騙過去的。國民黨在抗戰後期搞黨化教育，把知識分子趕到左邊去了，否則共產黨不能順利奪權的。

胡：共產黨知道如果老百姓有選擇政權的可能性，就會有危險。所以他釜底抽薪，不讓人民有選擇，共產黨並不是不知道反精神汙染、反自由化不得人心，而是要杜絕人民

選擇的企圖。人民沒有選擇，即使再不滿意也無可奈何。

余：共產黨在政治上當然一向是希望做到人民無可選擇，可是事實上它做不到，它已沒有一套思想和信仰能把人心抓住。我不否認中共目前還有表面上控制局面的能力，這種能力也許還可以維持一段時間。但中國人是「水」的性格，「水能載舟，亦能覆舟」。今天在「三信危機」下，各人為各人打算，知識分子如果能保持獨立思想，專業人員地位越來越重要，它勢必要與他們妥協。我的看法是，共產黨不再是以前那種控制嚴密的有效統治機器，它已經成為一個僵化、腐化的權力集團。有良知的中共黨員或者心灰意懶，或者雖仍然奮鬥但已如逆水行舟。官僚體系集體平均的貪汙，特權橫行，到了駭人聽聞的地步，它早已不是四十年前我所看到的那個「革命政黨」了。當時入「黨」是最光榮的、是要肯犧牲小我的。今天入「黨」是為了投機，是為人所賤的。被中共開除「黨籍」的人則在社會上特別受尊重。它喪失了精神領導力量，就保證壓制不能成功，也就保證中國有重生的希望。

丁：正如方勵之所說，中共政績極差，反倒是改革在大陸比在蘇聯成功可能較大的原因。雖然如此，我仍然對大陸中長期的發展持悲觀態度。大陸目前的困難狀況有積重已久的深刻結構性原因。即使共產黨馬上不存在了，大陸也很難迅速得到基本改觀，台灣學者多次問我：「你既然如此悲觀，為什麼還冒著政治風險鼓吹改革和現代化？明知可能性極小，奮鬥的意義又何在？」對此的考慮有三。

第一，從個人價值觀說，我信奉古人所謂「知其不可為而為之」的態度，或英國哲學家羅素（Bertrand Russell）所說的「理智上的悲觀主義者，意志上的樂觀主義者」。第二，從方法論說，歷史並不是命定的，過去不能決定未來。雖然歷史和現狀都說明中國的事難辦，但也許就是因為許多人的「試試看、埋頭幹」的不氣餒精神，把本來似難走通的路闖通了。第三，從務實方面看，儘管鄧小平下的大陸有很多重大弊端，但比毛時代畢竟要好多了。雖然我理想的目標達不到，但改革和現代化能進一寸一分，總是對人民和國家好一點。

（部分篇章曾刊於《聯合報》一九八八年一月一日）

聯經文庫

革命與反革命追憶：從文革到重慶模式

2013年7月初版　　　　　　　　　　　　　　　　定價：新臺幣250元
有著作權・翻印必究
Printed in Taiwan.

著　　　者	丁　學　良
發　行　人	林　載　爵

出　　版　　者	聯經出版事業股份有限公司	叢書編輯	黃　崇　凱
地　　　　　址	台北市基隆路一段180號4樓	校　　對	吳　美　滿
編輯部地址	台北市基隆路一段180號4樓	封面設計	朱　陳　毅
叢書主編電話	(02)87876242轉225	內文排版	林　邦　由
台北聯經書房	台北市新生南路三段94號		
電　　　　　話	(02)23620308		
台中分公司	台中市北區健行路321號1樓		
暨門市電話	(04)22371234ext.5		
郵政劃撥帳戶第0100559-3號			
郵撥電話	(02)23620308		
印　　刷　　者	世和印製企業有限公司		
總　　經　　銷	聯合發行股份有限公司		
發　　行　　所	新北市新店區寶橋路235巷6弄6號2樓		
電　　　　　話	(02)29178022		

行政院新聞局出版事業登記證局版臺業字第0130號

本書如有缺頁，破損，倒裝請寄回台北聯經書房更換。　ISBN　978-957-08-4205-0 (平裝)
聯經網址：www.linkingbooks.com.tw
電子信箱：linking@udngroup.com

國家圖書館出版品預行編目資料

革命與反革命追憶：從文革到重慶模式/
丁學良著. 初版. 臺北市. 聯經. 2013年7月（民
102年）. 232面. 14.8×21公分（聯經文庫）
ISBN　978-957-08-4205-0（平裝）

1.社會發展　2.中國

540.92　　　　　　　　　　　　　　　102010860